Französisch für Historiker

Fachsprachlicher Wortschatz
mit Hinweisen
zum Geschichtsstudium
in Frankreich

Herausgegeben von
Heike Drummer, Raymond Julien,
Javier Loscertales
und Harro Stammerjohann

ERICH SCHMIDT VERLAG

Die Deutsche Bibliothek – CIP-Einheitsaufnahme

Französisch für Historiker : fachsprachlicher Wortschatz mit
Hinweisen zum Geschichtsstudium in Frankreich / hrsg. von
Heike Drummer ... – Berlin : Erich Schmidt, 1991
  ISBN 3-503-03001-8
NE: Drummer, Heike [Hrsg.]

ISBN 3 503 03001 8

© Erich Schmidt Verlag GmbH & Co., Berlin 1991
Druck: Berliner Buchdruckerei Union

Inhaltsverzeichnis

Vorwort 7

1.   **Fachwortschatz**   9
1.1   Methodologischer Wortschatz Französisch-Deutsch . .   9
1.1.1   Methoden der Geschichtswissenschaft   9
1.1.2   Disziplinen der Geschichtswissenschaft   9
1.1.3   Historische Hilfswissenschaften 10
1.1.3.1 Historische Geographie 10
1.1.3.2 Chronologie 10
1.1.3.3 Genealogie und historische Demographie 13
1.1.3.4 Quellenkunde 14
1.1.3.5 Paläographie (Handschriftenkunde) 15
1.1.3.6 Diplomatik (Urkundenlehre) 16
1.1.3.7 Heraldik (Wappenkunde) 17
1.1.3.8 Sphragistik (Siegelkunde) 18
1.1.3.9 Numismatik (Münzkunde) 19
1.1.3.10 Maße und Gewichte 20
1.2   Begriffe aus dem Bibliotheks- und Archivwesen 20
1.3   Epochen und Ereignisse 21
1.4   Namen 36
1.4.1   Französisch-Deutsch 36
1.4.2   Deutsch-Französisch 44
1.5   Sachwortschatz 56
1.5.1   Französisch-Deutsch 56
1.5.2   Deutsch-Französisch 83

2.   **Bibliographie** 135
2.1   Sprachliche Hilfsmittel 135
2.1.1   Bedeutungswörterbücher 135
2.1.2   Sprachgeschichtliche Wörterbücher 135
2.1.2.1 Alt- und Mittelfranzösisch 135
2.1.2.2 Altprovenzalisch 136
2.2   Historische Hilfsmittel 136

Inhaltsverzeichnis

2.2.1	Einführungen	136
2.2.2	Bibliographische Nachschlagewerke	137
2.2.2.1	Nationalbibliographien	137
2.2.2.2	Bibliographien zur Geschichte Frankreichs	137
2.2.2.3	Hochschulschriften	138
2.2.2.4	Archiv- und Bibliotheksführer	139
2.2.3	Enzyklopädische Nachschlagewerke	139
2.2.3.1	Allgemein	139
2.2.3.2	Geschichte	140
2.2.3.3	Biographie	140
2.2.4	Reihenwerke und Periodika	141
2.2.4.1	Reihenwerke	141
2.2.4.2	Periodika	142
2.3	Studienführer für Frankreich	144
3.	**Adressen**	145
3.1	Bundesrepublik	145
3.2	Frankreich	145
3.3	Hinweise auf weitere Adressen	146

Vorwort

Auf Anregung des Romanistenverbands und unter Mitwirkung des Anglisten- und Amerikanistenverbands sowie mit Unterstützung des Bundesministeriums für Bildung und Wissenschaft fand am 20.–22.11.1986 in Düsseldorf ein Kolloquium über „Entwicklungsmöglichkeiten von Kompaktprogrammen zur gezielten Vorbereitung von Auslandsaufenthalten deutscher Studenten und Wissenschaftler nichtsprachlicher Fächer" statt. Dazu trug ich den Entwurf eines Programms „Französisch für Historiker" bei und nahm den Auftrag an, diesen Entwurf auszuarbeiten. Als Romanist war ich auf die Hilfe von Historikern angewiesen, die ich bei Heike Drummer und Javier Loscertales fand, beide Examensstudenten am Historischen Seminar der Johann Wolfgang Goethe-Universität, Frankfurt am Main, und bei Raymond Julien, *Conseiller pédagogique* am Institut Français in Frankfurt und von Haus aus ebenfalls Historiker.

Was wir jetzt vorlegen, ist noch kein Programm im Sinne einer systematischen Folge von Lernschritten, wohl aber eine Zusammenstellung von Materialien, auf die nun nicht nur ein Französischunterricht für Historiker zurückgreifen kann, sondern die sich durch die Verbindung von alphabetischer und systematischer Darstellung auch zum Nachschlagen und zum Selbststudium eignen. Zunächst gliedert sich das Buch in die folgenden *sprachlichen* Hilfen für deutsche Historiker, die französische Texte lesen oder sich über historische Gegenstände in französischer Sprache verständigen wollen:

- Methodologischer Wortschatz, ergänzt durch Begriffe aus dem Bibliotheks- und Archivwesen
- Historische Ereignisse in Form einer Zeittafel
- Namen
- Sachwortschatz
- Ergänzende Hinweise auf die bedeutendsten französischen Wörterbücher in der Bibliographie.

Aber in der Bibliographie versuchen wir auch, entsprechend dem Anlaß, aus dem das Buch entstanden ist, einige *sachliche* Hilfen für das Studium der französischen Geschichte und insbesondere für das Geschichtsstudium in Frankreich zu geben. Außer Hinweisen auf Sprachwörterbücher enthält sie solche auf:

- Einführungen in das Studium
- bibliographische Nachschlagewerke
- enzyklopädische Nachschlagewerke
- Reihenwerke und Periodika
- Studienführer

Es folgt noch ein

- Adressenteil

mit deutschen und französischen Forschungseinrichtungen und Stellen, die den wissenschaftlichen Austausch zwischen der Bundesrepublik und Frankreich fördern.

Jede Vollständigkeit verbot schon die Vorgabe, den Umfang so zu beschränken, daß der Band für Studenten erschwinglich bleibe. Zum einen haben wir das Schwergewicht auf die deutsch-französische Geschichte gelegt und auch dabei nur eine erste Auswahl treffen können. Zum andern setzen wir allgemeine Sprachkenntnisse voraus und haben auf alles verzichtet, was dazu gehört oder damit erschließbar ist; da bei der Übersetzung *aus* der Fremdsprache mehr erschließbar ist als bei der Übersetzung *in* diese, sind die französisch-deutschen Teile kürzer als die deutsch-französischen. Auch Angaben zur Aussprache und Grammatik haben wir nur gemacht, wo sie distinktiv sind oder der richtige Gebrauch nicht unbedingt vorausgesetzt werden kann.

Für Verbesserungen sind wir Gérald Chaix (Mission Historique Française en Allemagne, Göttingen), Ernst Karpf (Universität Marburg), Pierre Lerat (Paris XIII/CNRS) und Rudolf von Thadden (Universität Göttingen) zu größtem Dank verpflichtet; für alle verbliebenen Mängel sind wir allein verantwortlich. Weitere Verbesserungsvorschläge sind uns willkommen.

Harro Stammerjohann

1. Fachwortschatz

1.1 Methodologischer Wortschatz Französisch-Deutsch

1.1.1 Methoden der Geschichtswissenschaft

école des Annales	*Annales*-Schule
école positiviste, expérimentale	positivistische Schule
histoire critique	kritische Geschichte
histoire descriptive	beschreibende Geschichte
histoire événementielle [evɛ-]	Ereignisgeschichte
histoire explicative	erklärende Geschichte
histoire historisante	historisierende Geschichte
histoire de la longue durée	Langzeitgeschichte
histoire des mentalités	Mentalitätsgeschichte
histoire narrative	erzählende Geschichte
histoire des structures *oder* structurale	Strukturgeschichte
histoire systématique	systematische Geschichte
histoire thématique	thematische Geschichte

1.1.2 Disziplinen der Geschichtswissenschaft

hagiographie	Heiligengeschichte
histoire de la civilisation, des civilisations	Kulturgeschichte
histoire constitutionnelle	Verfassungsgeschichte
histoire du droit	Rechtsgeschichte
histoire ecclésiastique, de l'Église	Kirchengeschichte
histoire économique	Wirtschaftsgeschichte
histoire militaire	Militärgeschichte
histoire politique	politische Geschichte
histoire des religions	Religionsgeschichte
histoire sociale	Sozialgeschichte
histoire universelle	Weltgeschichte
techniques auxiliaires	Hilfswissenschaften

1.1.3 Historische Hilfswissenschaften

1.1.3.1 Historische Geographie

agglomération	Siedlung
arrière-pays	Hinterland
atlas de géographie	Atlas
bastide *f.*	*befestigtes Dorf mit regelmäßigem Grundriß in Südwestfrankreich (12./13. Jahrhundert)*
bourg	Flecken
cadastre *m.*	Grundbuch
cartographie	Kartenkunde
échelle	Maßstab
géographie historique	historische Geographie
habitat [-a]	Siedlungsraum
hameau	Weiler
lieu-dit *oder* **lieudit** *m.*	Flurname
nom de lieu	Ortsname
photographie aérienne	Luftaufnahme
plan directeur	Meßplan
style d'habitation	Wohnkultur
territoire communal	Gemeindeflur, Gemarkung
topographie	Topographie
toponyme *m.*	Ortsname
typonymie	Ortsnamenkunde
vestiges *Pl. m.* d'un village abandonné	Wüstung

1.1.3.2 Chronologie

année bissextile	Schaltjahr
année commune	Gemeinjahr
année ecclésiastique	Kirchenjahr
année lunaire	Mondjahr
l'Ascension	(Christi) Himmelfahrt
l'Assomption	(Mariä) Himmelfahrt
avant/après Jésus-Christ (**av./apr.** J.-C.) *oder* notre ère	vor/nach Christus (v./n. Chr.), der Zeitenwende, unserer Zeitrechnung

10

Brumaire *m.*	„Nebelmonat" *(2. Monat des republikan. Kalenders: 22.10.–20.11.)*
calendes *Pl. f.*	Kalenden
calendrier Grégorien	Gregorianischer Kalender
calendrier Julien	Julianischer Kalender
calendrier musulman	Moslemischer (Mohammedanischer) Kalender
calendrier perpétuel	Immerwährender Kalender
calendrier républicain	republikanischer Kalender *(Frz. Revolution)*
comput [-pyt] *m.*	Kalenderberechnung
cycle lunaire	Mondzyklus
cycle pascal	Osterzyklus
datation	Datierung
date fixe	Festdatum
début de l'année	Jahresanfang
décade	Zeitraum von zehn Tagen/Jahren
dendrochronologie	Jahresringforschung
Épiphanie	Epiphanias, Dreikönigsfest
ère *f.*	Ära, Zeitalter, Epoche
Fête-Dieu *f.*	Fronleichnam
fête des Rois	Dreikönigsfest, Epiphanias
Floréal *m.*	„Blumenmonat" *(8. Monat des republikan. Kalenders: 22.4.–19.5.)*
Frimaire *m.*	„Frostmonat" *(3. Monat des republikan. Kalenders: 21.11.–20.12.)*
Fructidor *m.*	„Fruchtmonat" *(12. Monat des republikan. Kalenders: 18.8.–16.9.)*
Germinal *m.*	„Keimmonat" *(7. Monat des republikan. Kalenders: 21.3.–21.4.)*
ides *Pl. f.*	Iden
indiction	Indiktion
jour de l'an	Neujahr(stag)
jour de la cène	Gründonnerstag
jour civil	Kalendertag
jour férié	gesetzlicher Feiertag
jour de fête	Feiertag
jour des Rois	→ **fête des Rois**
lunaison	Mondphasen

11

lustre *m.*	Jahrfünft
Messidor *m.*	„Erntemonat" *(10. Monat des republikan. Kalenders: 19.6.–18.7)*
millénaire	Jahrtausend
Nivôse *m.*	„Schneemonat" *(4. Monat des republikan. Kalenders: 21.12.–19.1.)*
Nombre d'Or	Goldene Zahl
nones *Pl. f.*	Nonen
Pâques fleuries	Palmsonntag
la **Pentecôte**	Pfingsten
phase de la lune	Mondphase
Pluviôse *m.*	„Regenmonat" *(5. Monat des republikan. Kalenders: 20.1.–18.2.)*
Prairial *m.*	„Wiesenmonat" *(9. Monat des republikan. Kalenders: 20.5.–18.6.)*
quinquennal	Fünfjahres-
réforme du calendrier	Kalenderreform
style	Stil, *auch im Sinne von* Zeitrechnung
~ de l'Annonciation	Annunziationsstil (Mariä Verkündigung, 25. März)
~ byzantin	Byzantinischer Stil (1. September)
~ de la circoncision	Zirkumzisionsstil (Beschneidung Jesu, 1. Januar)
~ de la Nativité *oder* de Noël	Weihnachts- *oder* Nativitätsstil (25. Dezember)
~ pascal *oder* de Pâques	Osterstil (zwischen 22. März und 25. April)
table chronologique	Zeittafel
Thermidor *m.*	„Hitzemonat" *(11. Monat des republikan. Kalenders: 19.7.–17.8.)*
veille	Vorabend, Vigilia
~ de Noël	Heiligabend
Vendémiaire *m.*	„Weinmonat" *(1. Monat des republikan. Kalenders: 22.9.–21.10.)*
Ventôse *m.*	„Windmonat" *(6. Monat des republikan. Kalenders: 19.2.–20.3.)*

1.1.3.3 Genealogie und historische Demographie

absence d'enfants	Kinderlosigkeit
agnat, *nur m.*	Verwandter, -e im Mannesstamm
aïeul, *Pl.* aïeux	Stammvater, *Pl.* Vorfahren
alliance à une famille par mariage	Einheirat(ung)
ancêtre *m., selten f.*	Ahn, Vorfahr
culte des ~s	Ahnenkult
arbre généalogique	Stammbaum
ascendance	Vorfahrenschaft
bâtard	Bastard, uneheliches Kind
certificat d'origine	Abstammungsnachweis
cognat *nur m.*	Verwandter, -e mütterlicherseits
consanguinité	Blutsverwandtschaft
croissance démographique	Bevölkerungswachstum, -zuwachs
dépeuplement	Entvölkerung
descendance	Nachfahrenschaft
descendant, -e	Nachkomme, Abkömmling
descendre	abstammen
droit d'aînesse	Erstgeburtsrecht
droit héréditaire	Erbrecht
écart inter-/progénésique	*Abstand zwischen zwei Geburten/ von der Eheschließung bis zur ersten Geburt*
enfant naturel	uneheliches Kind
extinction	Aussterben
extraction	Abstammung, Herkunft
fécondité, fertilité	Fruchtbarkeit
généalogie	Ahnenforschung, Genealogie
génération	Generation
illégitimité	Außer-, Unehelichkeit
inceste *m.*	Blutschande, Inzest
intervalle inter-/progénésique	→ écart ...
en ligne féminine/masculine	in weiblicher/männlicher Linie
livret de famille	Familienstammbuch
longévité	Lebenserwartung
majeur	volljährig
majorité	Volljährigkeit
marraine	Patin

mineur	minderjährig
minorité	Minderjährigkeit
mortalité (infantile/maternelle)	(Säuglings-, Kinder-/Mütter-)Sterblichkeit
natalité	Geburtenrate, -ziffer
accroissement/régression de la ~	Geburtenzuwachs/-rückgang
nuptialité	Heiratshäufigkeit, Zahl der Eheschließungen
onomastique	Namensforschung
parenté	Verwandtschaft(sverhältnis)
parrain	Pate
primogéniture	Erstgeburt
régression démographique	Bevölkerungsabnahme, -rückgang
retard au mariage	*Verzögerung der Heirat, des Heiratsalters*
souche	Abstammung, Herkunft; Stammvater
succession salique	Salische Erbfolge
suite des ancêtres	Ahnenreihe
table généalogique	Stammtafel
tableau de parenté, d'alliance	Verwandtschaftstafel

1.1.3.4 Quellenkunde

annales *Pl. f.*	Jahrbücher, Annalen
archives *Pl. f.*	Archiv(alien)
autobiographie	Autobiographie
biographie	Biographie
cadastre *m.*	Grundbuch
chronique	Chronik
collection de textes	Textsammlung
document	Dokument
~ écrit	schriftliches Dokument
~ figuré	abstraktes Dokument
~ matériel	Sachdokument
édition (critique)	(kritische) Ausgabe
étude des sources	Quellenkunde
fait vécu	Erlebnis
grand livre	Journal, Hauptbuch

indication de la source	Quellenangabe
itinéraire *m.*	Reiseweg
journal (de marche)	(Kriegs-)Tagebuch
livre de compte	Rechnungsbuch
livre des comptes courants	Journal, Hauptbuch
livre foncier	Grundbuch
mémoires *Pl. f.*	Memoiren
registre foncier	Grundbuch
source	Quelle
tradition	Überlieferung(sform), Tradition
~ orale	mündliche Überlieferung
vestiges matériels *Pl. m.*	Sachüberreste

1.1.3.5 Paläographie (Handschriftenkunde)

abréviation	Abkürzung
calligraphie	Schreibkunst
caractère	Buchstabe
~s typographiques, d'imprimerie	Druckschrift
~s romains	Antiqua
codex	Kodex
codification	Kodifizierung
comparaison d'écritures	Schriftvergleich
cursive *f.*	Kursivschrift
écriture	Schrift(art)
essai d'~	Schriftprobe
~ bâtarde	Bastarda
~ courante	Kurrentschrift
~ cunéiforme	Keilschrift
~ onciale	Unzialschrift
épellation	Buchstabierung
épigraphie *f.*	Inschriftenlehre, Epigraphik
épreuve *f.* d'écriture	Schriftprobe
filigrane *m.*	Wasserzeichen
gothique *m.*	Gotische Schrift
hauteur d'une lettre	Buchstabenhöhe
ligature	Ligatur
(lettre) **majuscule**	großer Buchstabe, Majuskel
manuscrit	Handschrift, Manuskript

onciale *f.*	Unzial
paléographie	Handschriftenkunde, Paläographie
papyrus [-rys]	Papyrus
parchemin	Pergament
présentation typographique	Schriftbild
rôle *m.*	(Schrift-)Rolle
spécimen *m.* d'écriture	Schriftprobe
tablette de cire	Wachstafel
trait	(Schrift-)Zug

1.1.3.6 Diplomatik (Urkundenlehre)

acte juridique	Rechtsakt, Urkunde
auteur *nur m.*	Verfasser, -in, Autor, -in
authentification	Beglaubigung
brevet	Urkunde, Diplom
brouillon	Konzept
bureau d'ordre	Schriftgutverwaltung
cartulaire *m.*	Kopialbuch, Kartular
certification	Beglaubigung *einer Ab-, Unterschrift usw.*
charte	Charta, Urkunde
clerc [klɛr]	Schreiber
conclusion d'un contrat	Vertragsabschluß
contrat	Vertrag
contreseing [-sɛ̃]	Gegenzeichnung
contresigner	gegenzeichnen
copiste	Schreiber
destinataire	Empfänger, Adressat
diplomatique *f.*	Urkundenlehre, Diplomatik
diplôme *m.*	Urkunde, Diplom
droit de signer	Zeichnungsberechtigung
édit	Erlaß, *hist.* Edikt
expéditeur	Absender
expéditionnaire	Schreiber
falsification (de document); **faux** (en écriture)	(Urkunden-)Fälschung
formulaire *m.*, recueil de **formules**	Formelsammlung

16

légalisation	*auch* Beglaubigung einer Unterschrift
mandat	Urkunde, Mandat
monogramme	Handzeichen, Monogramm
notariat	Notariat
papier libre	stempelfreies Papier
papier timbré	Stempelpapier
privilège *m.*	Vergünstigung, Privileg
protocole *m.*	Protokoll
rédaction	Ausfertigung
sceau du notaire	Notariatssiegel
signature	Unterschrift
témoignage	Zeugenaussage, Zeugnis, Beweis
témoin *nur m.*	Zeuge, -in

1.1.3.7 Heraldik (Wappenkunde)

aiglon	Adler
animal héraldique	Wappentier
armoiries *Pl.*	Wappen
armorial	Wappenbuch
badge [badʒ] *m.*	Abzeichen
bannière	Flagge, Banner
blason	Wappen
bouclier	Schild
caducée *m.*	Heroldsstab
casque *m.*	Helm
champ de l'écu	Wappenfeld
cimier	Helmschmuck, -stutz
ciselure	Ziselierung
crête *f.*	Helmzier
croisée	Vierung
dessin en hachures	Schraffur
devise	Wappenspruch
drapeau	Fahne
écu	(Wappen-)Schild
~ en bannière	viereckiger Wappenschild
écusson	Wappenschild
emblème *m.* de souveraineté	Hoheitszeichen

flamme de guerre	Kriegsflagge
heaume	Helm
héraldique	Wappenkunde, Heraldik
héraut	Herold
initiale *f.*	Anfangsbuchstabe, Initial
insigne *m.*	Rangabzeichen
~ militaire	Feldzeichen
marque de grade	Rangabzeichen
messager	Herold
ornementation	Verzierung
panache *m.*	Helmbusch
pavillon	Flagge
~ de guerre	Kriegsflagge
pavoiser	beflaggen
personnage	(Wappen-)Figur
~ principal	Hauptfigur
~ secondaire	Nebenfigur
pièce magnifique, superbe	Prachtstück
poursuivant (d'armes)	Persevant
précurseur	Vorläufer
quadrillage	Quadrierung
symbole	Wappenbild
tournoi	Turnier
vair *m.*	Feh

1.1.3.8 Sphragistik (Siegelkunde)

bâton de cire à cacheter	Siegellackstange
bulle (d'argent/d'or/de plomb)	(Silber-/Gold-/Blei-)Bulle
bulle papale	päpstliche Bulle
capsule	Verschlußkapsel (*für Siegel*)
cire *f.* à cacheter	Siegellack
contre-sceau	Gegensiegel
lacs [la] *Sg. m.*	(Siegel-)Schnur
légende	(Siegel-)Randschrift
matrice	Prägestempel, Typar
pièrre précieuse gravée	Gemme
sceau	Siegel
~ en cire	Wachssiegel

～ en havette	anhängendes Siegel
～ de métier	Zunftsiegel
～ urbain	Stadtsiegel
sigillographie	Siegelkunde, Sphragistik

1.1.3.9 Numismatik (Münzkunde)

aloi *m.*	Legierung
avers *m.* [-vɛr]	(Münz-)Vorderseite
battre monnaie	Münzen prägen
cours commercial	Kaufkraft
denier *m.*	*etwa* Heller, *fig.* Scherflein *(röm., dann frz. Münze,* = *¹/₂₄₀ Pfund)*
douzain	*alte frz. Münze im Wert von 12* → **deniers** *oder 1* → **sou**
ducat [-ka]	Dukaten *(Goldmünze)*
écu *m.*	*etwa* Taler
estampe *f.*	Prägestempel
florin	Florin, Gulden
frappe *f.*	Münzprägung
kreutzer [krøtsɛr, -dzɛr]	Kreuzer
légende	(Münz-)Aufschrift
liard	*alte frz. Kupfermünze, etwa* Heller
livre *f.*	Pfund
monétaire *m./Adj.*	Münzherr/Münz-, Geld-, Währungs-
monnaie	Münze, Währung, Prägeanstalt
de compte	Rechengeld
monnayage	Münzwesen
monnayer	Münzen prägen
numismatique	Münzkunde, Numismatik
poids monétaire	Münzgewicht
pouvoir d'achat	Kaufkraft
revers	(Münz-)Rückseite
sou	*alte frz. Münze im Wert von 5 Centimes, etwa* Pfennig
thaler	Taler
titre	Feingehalt *(Legierung, Münze)*
tournois	Turnose *(ursprünglich in Tours geprägte Silbermünze)*
tranche	(Münz-)Rand

1.3.10   Maße und Gewichte

are *m.*	Ar
arpent	Morgen (*Land*)
aune *f.*	Elle
barrique *f.*	Faß *(200–250 Liter)*
boisseau	*altes Hohlmaß von ca. 13. Litern, etwa* Scheffel
journal	*altes Maß für die Ackerfläche, die ein Gespann an einem Tag bearbeiten kann*
lieue *f.*	Meile
ligne	Linie (1/12 Zoll)
livre *f.*	Pfund
mille marin	Seemeile
perche *f.*	*altes Längenmaß:* 1/100 Morgen
pied	Fuß
poids	Gewicht
pouce *m.*	Zoll
quintal	Doppelzentner
toise *f.*	Klafter

1.2 Begriffe aus dem Bibliotheks- und Archivwesen

article	Aufsatz, Artikel
bi-mensuel	Zweimonats(zeit)schrift
B.U. [bey] = bibliothèque universitaire *oder* de l'université	UB = Universitätsbibliothek
carte de lecteur	Leserausweis
catalogue matières	Sachkatalog
compte-rendu	Rezension, Besprechung
cote *f.*	Signatur
essai	Aufsatz
fichier	Katalog
hebdomadaire *m.*	Wochenzeitung, -zeitschrift
journal	Zeitung; Tagebuch
magasin	Magazin, Lager
magazine *m.*	Illustrierte, Magazin
mensuel	Monatszeitschrift
microfiche	Mikrofiche

microfilm(age)	Mikrofilm(aufnahme)
microlecteur	Mikrofilmlesegerät
mot typique	Schlagwort
périodique *m.*	Periodikum, Zeitschrift
prêt	Ausleihe *eines Buches*
bulletin de ~	Leihschein
renseignements *Pl.*	Auskunft(sstelle)
revue	Zeitschrift
salle de lecture	Lesesaal
salle des périodiques	Zeitschriftenraum
thésaurus des mots-clefs	Schlagwortkatalog
trimestriel	vierteljährlich
les **usuels**	die *oft nicht verleihbaren* Handbücher

1.3 Epochen und Ereignisse

Die folgende Zeittafel dient allein der *sprachlichen* Erschließung von Epochen und Ereignissen; die Daten wurden nicht nach ihrer historischen Bedeutung ausgewählt, sondern nach ihrem sprachlichen Interesse.

Protohistoire et préhistoire – Vor- und Frühgeschichte

Age de la pierre – Steinzeit

Paléolithique	– 8000	Altsteinzeit, Paläolithikum
Mésolithique	8000 – 5000	Mittelsteinzeit, Mesolithikum
Néolithique	5000 – 2000	Jungsteinzeit, Neolithikum
Age du bronze	2000 – 800	Bronzezeit
Age du fer	800 –	Eisenzeit

Les grandes civilisations de l'orient ancien – Die Hochkulturen des Alten Orients

Égypte – Ägypten

Ancien Empire	2850 – 2052	Altes Reich
Moyen Empire	2052 – 1570	Mittleres Reich
Nouvel Empire	1570 – 715	Neues Reich

Babylone et l'Assyrie – Babylonien und Assyrien

Les Sumériens	3000 – 2000	Die Sumerer
Les Amorrites	2000 – 1530	Die Amoriter
Les Kassites	1530 – 1155	Die Kassiten
Les Assyriens	1155 – 539	Die Assyrer

Asie Mineure – Kleinasien

Ancien Empire hittite	1660 – 1490	Altes Hethiterreich
Exode des Juifs et installation en Judée	1480/1230	Auszug der Juden und Niederlassung in Judäa
Nouvel Empire hittite; destruction par les Peuples de la mer	1440 – 1190	Neues Hethiterreich; Zerstörung durch die Seevölker
Captivité des Juifs à Babylone	587 – 539	Babylonische Gefangenschaft der Juden
Naissance de Jésus-Christ	4/5 av. J.-C.	Christi Geburt
Destruction de Jérusalem	70	Zerstörung Jerusalems

Antiquité – Antike

Grèce, Athènes et l'Hellénisme – Griechenland, Athen und der Hellenismus

Colonisation grecque	750 – 550	Griechische Kolonisation
Constitution de Lycurgue	700	Verfassung des Lykurg
Code de Dracon	624	Drakonische Gesetzgebung
Réformes de Solon	594	Solonische Gesetzgebung
Tyrannie de Pisistrate	561 – 510	Tyrannis des Peisistratos
Ligue péloponnésienne	550	Peloponnesischer Bund
Hégémonie de Sparte	550 –	Vormachtstellung Spartas
Réformes de Clisthène	508 – 507	Verfassung des Kleisthenes
Fondation de la démocratie athénienne	506	Begründung der Demokratie in Athen
Révolte de l'Ionie	500 – 494	Ionischer Aufstand
Guerres médiques	500 – 479	Perserkriege
Destruction de Milet	494	Zerstörung von Milet
Bataille de Marathon	490	Schlacht bei Marathon

Ligues maritimes athéniennes	477/377	Attische Seebünde
Double victoire de Cimon à l'Eurymédon	465	Doppelsieg Kimons am Eurymedon
Double victoire des Athéniens à Salamine sur les Perses	449	Doppelsieg der Athener bei Salamis über die Perser
Siècle de Périclès	443 – 429	Perikleisches Zeitalter
Guerre du Péloponnèse	431 – 404	Peloponnesischer Krieg
Bataille d'Issos	333	Schlacht bei Issos
Fondation d'Alexandrie	332	Gründung Alexandrias
Querelles des Diadoques	323 – 280	Diadochenkämpfe
Règne des Ptolémées	304 – 30	Herrschaft der Ptolemäer

Rome et l'Empire romain – Rom und römisches Reich

Immigration des Étrusques	900	Einwanderung der Etrusker
Fondation de Rome et règne légendaire des Sept rois	753 – 509	Gründung Roms und sagenhafte Herrschaft der Sieben Könige
Loi des Douze Tables	450	Zwölftafelgesetz
Lois Licinia et Sextia	367 – 366	Licinisch-sextische Gesetze
Guerres Puniques	264 – 146	Punische Kriege
Bataille de Cannae	216	Schlacht von Cannae
Bataille décisive de Zama	202	Entscheidungsschlacht von Zama
Destruction de Corinthe et de Carthage	146	Zerstörung Korinths und Karthagos
Mouvement réformateur des Gracques	133 – 121	Reformbewegung der Gracchen
Guerre contre les Cimbres et les Teutons	113 – 101	Krieg gegen die Cimbern und Teutonen
Guerre de Jugurtha	111 – 105	Jugurthinischer Krieg
Guerre sociale	91 – 89	Bundesgenossenkrieg
Dictature de Sylla	82 – 79	Diktatur Sullas
Révolte de Spartacus	73 – 71	Spartakusaufstand
Conjuration de Catilina	63 – 62	Catilinarische Verschwörung

23

1er/2e Triumvirat	60/43	1./2. Triumvirat
Conquête des Gaules	58 – 51	Eroberung Galliens
Victoire navale d'Agrippa sur la flotte de Cléopâtre	31	Seesieg Agrippas über die Flotte Kleopatras
Attribution à Octave par le Sénat du nom honorifique d'Auguste	27	Verleihung des Ehrennamens Augustus an Octavian durch den Senat
Campagne de Tibère en Germanie	4 – 6	Feldzug des Tiberius in Germanien
Bataille de la Forêt de Teutobourg	9	Schlacht im Teutoburger Wald
Voyages missionnaires de Paul et Barnabé	45 – 58	Missionsreisen von Paulus und Barnabas
Prise de Jérusalem	70	Eroberung Jerusalems
Empereurs-soldats	235 – 305	Soldatenkaiser
Défaite de Maxence au pont Milvius	312	Niederlage des Maxentius an der Milvischen Brücke
Édit de Tolérance de Milan	313	Toleranzedikt von Mailand
Concile de Nicée	325	Konzil von Nicaea
Bataille d'Andrinople	378	Schlacht bei Adrianopel
Le christianisme devient religion d'État	391	Das Christentum wird Staatsreligion
Bataille des Champs catalauniques	451	Schlacht auf den Katalaunischen Feldern
Fin de l'Empire romain d'Occident	476	Ende des Weströmischen Reiches

Haut Moyen-Age – Frühmittelalter

Grandes invasions, *auch* **Invasions barbares** *oder* **Invasion des Barbares**	375 –	Völkerwanderung
Royaume/Empire franc, des Francs	481 – 843	Fränkisches Reich, Frankenreich
Les Mérovingiens	481 – 751	Die Merowinger

Baptême de Clovis	498	Taufe Chlodwigs
Division du royaume en trois parties: Austrasie, Neustrie, Bourgogne	561	Dreiteilung des Reiches in Austr(as)ien, Neustrien, Burgund
Édit de Clotaire	614	Edictum Chlotharii
Hégire et début de l'Islam	622	Hedschra und Beginn des Islam
Rois fainéants et maires du palais	639 – 751	*Letzte Merowingerkönige* und Hausmeier
Partage du royaume entre Carloman et Pépin le Bref	741	Teilung des Reiches unter Karlmann und Pippin dem Kurzen
Les Carolingiens	751 – 987	Die Karolinger
Partage du royaume entre Charles et Carloman	768	Teilung des Reiches unter Karl und Karlmann
Guerre contre les Saxons	772 – 804	Sachsenkriege
Conquête du royaume lombard	773 – 774	Eroberung des Langobardenreichs
Couronnement impérial de Charlemagne	800	Kaiserkrönung Karls des Großen
Soulèvement des fils Pépin, Louis et Lothaire à Colmar au Champ du Mensonge	833	Empörung der Söhne Pippin, Ludwig und Lothar auf dem Lügenfeld bei Colmar
Serments de Strasbourg	842	Straßburger Eide
Traité de Verdun: partage du royaume entre Lothaire Ier, Louis le Germanique et Charles le Chauve	843	Vertrag von Verdun: Teilung des Reiches unter Lothar I., Ludwig dem Deutschen und Karl dem Kahlen

Moyen-Age classique – Hochmittelalter

Les empereurs saxons	919 – 1024	Die Sachsenkaiser
Bataille du Lechfeld	955	Schlacht auf dem Lechfeld
Grande révolte des Slaves	983	Großer Slawenaufstand

Les Capétiens	987 – 1328	Die Kapetinger
Les empereurs franconiens ou saliens	1024 – 1125	Fränkische oder salische Kaiser
Incorporation du royaume de Bourgogne à l'Empire	1033	Vereinigung des Königreichs Burgund mit dem Reich
Conciles de Sutri et de Rome	1046	Konzile von Sutri und Rom
Querelle des Investitures	1075 – 1122	Investiturstreit
Humiliation d'Henri IV à Canossa	1077	Heinrichs IV. Gang nach Canossa
Les croisades	1096 – 1291	Die Kreuzzüge
Prise de Jérusalem	1099	Erstürmung Jerusalems
Traité de Sutri	1111	Vertrag von Sutri
Concordat de Worms	1122	Wormser Konkordat
Les Hohenstaufen	1138 – 1254	Die Hohenstaufen
Diète de Roncaglia	1158	Reichstag auf den Ronkalischen Feldern
Paix de Constance	1183	Friede von Konstanz
Prise de Jérusalem par le sultan Saladin	1187	Einnahme Jerusalems durch Sultan Saladin
Prise de Saint-Jean-d'Acre	1191	Einnahme Akkons
Croisades des *oder* contre les Albigeois	1209 – 1229	Albigenserkriege
Croisade des enfants	1212	Kinderkreuzzug
Grande Charte en Angleterre	1215	Magna Charta (libertatum) in England
Ordre Teutonique	1226 – 1410	Deutscher (Ritter)Orden
Grand Interrègne	1256 – 1273	Interregnum

Bas Moyen-Age – Spätmittelalter

Ligue des villes rhénanes	1254	Rheinischer Städtebund
Convention de Rhense	1338	Kurverein von Rense
Guerre de Cent Ans	1339 – 1453	Hundertjähriger Krieg
Décapole d'Alsace	1354	Elsässischer Zehnstädtebund
Bulle d'Or	1356	Goldene Bulle

(Grande) Jacquerie	1358	(Große) Jacquerie
Fondation de la Hanse	"	Gründung der Hanse
Constitution de la Ligue souabe	1376	Gründung des Schwäbischen Städtebunds
Concile de Constance	1414 – 1418	Konzil von Konstanz
Guerres hussites	1419 – 1436	Hussitenkriege
Articles de Prague	1420	Prager Artikel
Siège et prise de Constantinople	1453	Belagerung und Einnahme von Konstantinopel
Ligue du bien public	1465	Bund für das Gemeinwohl
Convention d'héritage avec la Bohême et la Hongrie	1491	Erbvertrag mit Böhmen und Ungarn

Histoire moderne – Neuzeit *(bis 1789 Frühe Neuzeit)*

Découverte de l'Amérique	1492	Entdeckung Amerikas
Réforme et Contre-Réforme	1517 – 1648	Reformation und Gegenreformation
Affichage des 95 thèses à l'église du château de Wittenberg	1517	Anschlag der 95 Thesen an der Schloßkirche zu Wittenberg
Diète de Worms	1521	Reichstag zu Worms
Révolte des Chevaliers	1522 – 1523	Aufstand der Reichsritter
Guerre des Paysans	1525	Bauernkrieg
Paix des Dames *oder* **de Cambrai**	1529	(Damen)Frieden von Cambrai
Rencontre de Marbourg	"	Marburger Religionsgespräch
Diète d'Augsbourg: Confessio Augustina	1530	Reichstag zu Augsburg: Augsburger Konfession
Ligue protestante de Smalkalde	1531	Schmalkaldischer Bund
Acte de Suprématie	1534	Suprematsakte
Concile de Trente	1545 – 1563	Konzil von Trient
Paix d'Augsbourg	1555	Augsburger Religionsfriede
Serment de Suprématie et Acte d'Uniformité	1559	Suprematseid und Uniformitätsakte

Guerres de religion en France	1562 – 1598	Hugenottenkriege in Frankreich
Révolte et guerre d'indépendance aux Pays-Bas	1567 – 1648	Aufstand und Freiheitskampf der Niederlande
(Nuit de) La Saint-Barthélémy	1572	Bartholomäusnacht
Déclaration d'indépendance des Pays-Bas	1581	Unabhängigkeitserklärung der Niederlande
Constitution des Provinces-Unies	1584	Verfassung der Generalstaaten *(Niederlande)*
Les *oder* La ligue des Seize	1585 – 1591	Die (Liga der) Sechzehn
Destruction de l'Invincible Armada	1588	Vernichtung der Spanischen Armada
Défénestration de Prague	1618	Prager Fenstersturz
Édit de Nantes	1598	Edikt von Nantes
Guerre de Trente Ans	1618 – 1648	Dreißigjähriger Krieg
Guerre dano-saxonne	1625 – 1629	Dänisch-Niedersächsischer Krieg
Édit de restitution	1629	Restitutionsedikt
Intervention suédoise	1630	Kriegseintritt Schwedens
Intervention française	1635	Kriegseintritt Frankreichs
Traités de Westphalie	1648	Westfälischer Friede
Acte de Navigation	1651	Navigationsakte
Traité des Pyrénées	1659	Pyrenäenfriede
Traité d'Oliva	1660	Friede von Oliva
Acte de l'*Habeas Corpus*	1679	*Habeas Corpus*-Akte
Chambres de réunion	1679 – 1683	Reunionskammern
Siège de Vienne par les Turcs	1683	Belagerung Wiens durch die Türken
Révocation de l'Édit de Nantes	1685	Aufhebung des Edikts von Nantes
Révolution d'Angleterre	1688	Glorreiche Revolution
Déclaration des Droits	1689	Bill of Rights
Guerre du Nord	1700 – 1721	Nordischer Krieg
Frédéric Ier, roi en Prusse	1701	Friedrich I., König in Preußen
Guerre de Succession d'Espagne	1701 – 1714	Spanischer Erbfolgekrieg

Pragmatique Sanction	1713	Pragmatische Sanktion
Guerre de Succession d'Autriche	1740 – 1748	Österreichischer Erbfolge- krieg
1ère, 2e guerre de Silésie	1740 – 1745	1., 2. Schlesischer Krieg
Guerre de Sept Ans	1756 – 1763	Siebenjähriger Krieg
Traité d'Hubertsbourg	1763	Friede zu Hubertusburg
Traité de Paris	"	Pariser Friede
1er, 2e, 3e partage de la Pologne	1772 – 1795	1., 2., 3. Polnische Teilung
Guerre d'Indépendance américaine	1775 – 1783	Amerikanischer Unabhän- gigkeitskrieg
Déclaration d'indépen- dance américaine	1776	Amerikanische Unabhän- gigkeitserklärung
Édit de tolérance de Jo- seph II	1781	Toleranzedikt Josephs II.
Constitution des États- Unis d'Amérique	1787	Verfassung der Vereinig- ten Staaten

Histoire contemporaine – *(Ende der frühen Neuzeit)*

Réunion des États Géné- raux à Versailles	1789	Zusammentritt der General- stände in Versailles
Constitution du Tiers État en Assemblée Na- tionale	"	Der Dritte Stand erklärt sich zur Nationalver- sammlung
Serment du Jeu de Paume	"	Ballhausschwur
Prise de la Bastille	"	Sturm auf die Bastille
Abolition de la féodalité	"	Abschaffung der Feudal- ordnung
Déclaration des droits de l'homme et du citoyen	"	Erklärung der Menschen- und Bürgerrechte
Constitution civile du clergé	1790	Zivilverfassung des Klerus
Déclaration de guerre à l'Autriche	1792	Kriegserklärung an Öster- reich
1ère, 2e ... coalition	1792 – 1809	1., 2. ... Koalition(skrieg)
Prise des Tuileries	1792	Sturm auf die Tuilerien
Massacres de septembre	"	Septembermorde

La Convention	1792 – 1793	Der Konvent
Comité de salut public	1793	Wohlfahrtsausschuß
La Terreur	1793 – 1794	Die Schreckensherrschaft
Fête de l'Être suprême	1794	Fest des Höchsten Wesens
Le Directoire	1795 – 1799	Das Direktorium
Coup d'État du 18 Brumaire	1799	Staatsstreich Napoleons
Napoléon Bonaparte nommé consul à vie	1802	Ernennung Napoleon Bonapartes zum Konsul auf Lebenszeit
Recès, Recez [-sɛ] de la diète de Ratisbonne	1803	Reichsdeputationshauptschluß in Regensburg
Proclamation de Napoléon Bonaparte empereur des Français	1804	Proklamation Napoleon Bonapartes zum Kaiser der Franzosen
Confédération du Rhin	1806	Rheinbund
Fin du Saint Empire romain germanique	"	Ende des Heiligen Römischen Reiches deutscher Nation
Blocus continental	1806 – 1813	Kontinentalsperre
Traité de Tilsit	1807	Tilsiter Friede
Édit de libération des paysans en Prusse	"	Edikt zur Bauernbefreiung in Preußen
Statut des villes	1808	Städteordnung
Campagne de Russie	1812	Rußlandfeldzug
Guerres de libération	1813 – 1815	Befreiungskriege
Bataille des Nations à Leipzig	1813	Völkerschlacht bei Leipzig
1er/2e traité de Paris	1814/1815	1./2. Pariser Friede
La Charte	1814	Die Charte *(Verfassung)*
Congrès de Vienne	1814 – 1815	Wiener Kongreß
Les Cent-Jours	1815	Die Hundert Tage (Napoleons)
Restauration	1815 – 1848	Restauration
Confédération germanique	1815	Deutscher Bund
Fondation de l'Association des étudiants allemands	"	Gründung der Deutschen Burschenschaft

30

Sainte Alliance	"	Heilige Allianz
Fête de la Wartbourg	1817	Wartburgfest
Décisions de Karlsbad	1819	Karlsbader Beschlüsse
Guerre de libération de la Grèce	1821 – 1829	Griechischer Freiheitskampf
Doctrine de Monroe: „L'Amérique aux Américains!"	1823	Monroe-Doktrin: „Amerika den Amerikanern!"
Révolution de Juillet (les Trois [jours] Glorieuses)	1830	Juli-Revolution *(in Frkr.)*
Louis-Philippe, le Roi-Citoyen (Monarchie de Juillet)	1830 – 1848	Louis-Philippe, der Bürgerkönig (Juli-Monarchie)
Fête de Hambach	1832	Hambacher Fest
Union douanière (Zollverein allemand)	1834	Deutscher Zollverein
Manifeste communiste	1848	Kommunistisches Manifest
Révolution de Février en France	"	Februarrevolution in Frankreich
Chute de la monarchie de Juillet	"	Sturz der Juli-Monarchie
Révolution de Mars en Allemagne	"	Märzrevolution in Deutschland
Parlement préparatoire	"	Vorparlament
Parlement de Francfort	"	Frankfurter Paulskirchen-Parlament
Refus de la couronne impériale par le roi de Prusse	1849	Ablehnung der Kaiserkrone durch den preußischen König
Traité d'Olmütz („la reculade d'Olmütz")	1850	Vertrag von Olmütz
Le Second Empire en France	1852 – 1870	Das 2. Kaiserreich in Frankreich
Guerre de Crimée	1853 – 1856	Krimkrieg
Guerre de Sécession en Amérique	1861 – 1865	Amerikanischer Bürgerkrieg
Congrès des Princes	1863	Fürstentag

Association générale des travailleurs allemands	1863 – 1864	Allgemeiner Deutscher Arbeiterverein
Guerre des Duchés	1864	Deutsch-Dänischer Krieg
Première Internationale	1864 – 1876	Erste Internationale
Guerre austro-prussienne	1866	Österreichisch-Preußischer Krieg
Confédération de l'Allemagne du Nord	1866 – 1867	Norddeutscher Bund
Autriche-Hongrie, Monarchie austro-hongroise *oder* danubienne	1867 – 1918	Österreich-Ungarn; Österreich-ungarische *oder* Donaumonarchie
Fondation du parti ouvrier social-démocrate	1869	Gründung der sozialdemokratischen Arbeiterpartei
Unité italienne	1870	Italienische Einigung
Guerre de 70	1870 – 1871	Deutsch-Französischer Krieg
Fondation de l'Empire allemand	1871	Gründung des Deutschen Reiches
Commune de Paris	"	Pariser Kommune
Kulturkampf	1871 – 1878	Kulturkampf
Congrès de Berlin	1878	Berliner Kongreß
Législation antisocialiste	"	Sozialistengesetz
Duplice	1879	Zweibund
Triple-Alliance („la Triplice")	1882	Dreikaiserabkommen
Lois sociales de Bismarck	1883 – 1889	Bismarcks Sozialgesetzgebung
Traité de réassurance avec la Russie	1887	Rückversicherungsvertrag mit Rußland
Renvoi de Bismarck	1890	Entlassung Bismarcks
Fondation du parti social-démocrate allemand	1891	Gründung der sozialdemokratischen Partei Deutschlands
Programme d'Erfurt	"	Erfurter Programm
L'Affaire (Dreyfus)	1894	Dreyfus-Affäre
Guerre américano-espagnole	1898	Krieg der USA gegen Spanien

Entente cordiale	1904	Entente cordiale *(Bündnis zwischen Frankreich und England)*
Séparation de l'Église et de l'État	1905	Trennung von Staat und Kirche *(Frankreich)*
1ère/2e crise marocaine	1905/1911	1./2. Marokko-Krise
Triple Entente	1907	Dreibund
Guerres des Balkans	1902 – 1913	Balkankrisen
Assassinat du prince héritier autrichien, François Ferdinand, à Sarajevo	1914	Ermordung des österreichischen Thronfolgers Franz-Ferdinand in Sarajewo
Ière Guerre mondiale (la Grande Guerre, la „Der[nière] des Der[nière]s")	1914 – 1918	1. Weltkrieg

Histoire du temps présent – Zeitgeschichte

Révolution russe *oder* **d'octobre**	1917	Russische *oder* Oktoberrevolution
Entrée en guerre des États-Unis	"	Kriegseintritt der USA
Effondrement des puisances centrales	1918	Zusammenbruch der Mittelmächte
Société des Nations (SDN)	1919	Völkerbund
Traité de Versailles	"	Versailler Vertrag
Marche sur Rome	1922	Marsch auf Rom
Occupation de la Ruhr	1923	Besetzung des Ruhrgebiets
Putsch de Hitler	"	Hitlerputsch
Pacte de Locarno	1925	Vertrag von Locarno
Crise de l'économie mondiale	1929	Weltwirtschaftskrise
Prise de pouvoir de Hitler	1933	Hitlers Machtergreifung
Incendie du Reichstag	"	Reichstagsbrand
Loi sur les pleins pouvoirs	1933	Ermächtigungsgesetz

Nuit des longs couteaux	1934	Röhm-Putsch („Nacht der langen Messer")
Rétablissement du service militaire obligatoire	1935	Wiedereinführung der allgemeinen Wehrpflicht
Lois de Nuremberg	"	Nürnberger Gesetze
Réoccupation de la Rhénanie	1936	Wiederbesetzung des Rheinlands
Front populaire	1936 – 1938	Volksfront(regierung)
Guerre d'Espagne	1936 – 1939	Spanischer Bürgerkrieg
L'Anschluss	1938	Der Anschluß Österreichs
(Accords de) Munich	"	Münchner Abkommen
Cession à l'Allemagne du territoire des Sudètes	"	Abtretung des Sudetenlandes an Deutschland
Fondation du Protectorat de Bohême et de Moravie	1939	Errichtung des Reichsprotektorats Böhmen und Mähren
Pacte de non-agression germano-soviétique	"	Deutsch-russischer Nichtangriffspakt
Agression allemande contre la Pologne; début de la 2e guerre mondiale; entrée en guerre de la France et de l'Angleterre	"	Deutscher Überfall auf Polen; Beginn des 2. Weltkriegs; Kriegseintritt Frankreichs und Englands
La Drôle de guerre	1939 – 1940	*Zeit von der Kriegserklärung im September 1939 bis zur Invasion im Mai 1940*
La Guerre-éclair	1940	Der Blitzkrieg
Appel du 18 juin	"	*Aufruf de Gaulles zum Widerstand*
Gouvernment de Vichy, État français	"	Vichy-Regierung
Attaque de l'URSS sans déclaration de guerre	1941	Angriff auf Rußland ohne Kriegserklärung

34

Alliance tacite entre les États-Unis et la Grande-Bretagne	1941	Ungeschriebenes Bündnis zwischen den USA und Großbritannien
Charte de l'Atlantique	"	Atlantik-Charta
Attaque de Pearl Harbor par les Japonais	"	Japanischer Überfall auf Pearl Harbor
Débarquement (allié en Normandie)	1944	Landung der Alliierten in der Normandie, „Invasion"
Attentat à la bombe contre Hitler	1944	Attentat auf Hitler
Capitulation sans condition de la Wehrmacht	1945	Bedingungslose Kapitulation der Wehrmacht
Première bombe atomique sur Hiroshima	"	Erste Atombombe auf Hiroshima
Fondation de l'ONU	"	Gründung der Vereinten Nationen (UNO)
Procès de Nuremberg	1945 – 1946	Nürnberger Prozesse
Doctrine de Truman	1947	Truman-Doktrin
Plan Marshall	"	Marshall-Plan
Réforme monétaire	1948	Währungsreform
Blocus de Berlin (pont aérien)	1948 – 1949	Berlinblockade (Luftbrücke)
Levée du blocus; Berlin-Est devient la capitale de la RDA	1949	Aufhebung der Blockade; Ostberlin wird Hauptstadt der DDR
Fondation de l'OTAN	"	Gründung der NATO
Proclamation de la Loi Fondamentale de Bonn	"	Verabschiedung des Bonner Grundgesetzes
Guerre de Corée	1950 – 1953	Koreakrieg
Révolte populaire à Berlin-Est	1953	Volksaufstand in Ostberlin
Pacte de Varsovie	1955	Warschauer Pakt
Insurrection populaire en Hongrie	1956	Ungarischer Volksaufstand
Crise de Suez	"	Suez-Krise
Traités de Rome	1957	Römische Verträge

Retour de la Sarre à l'Allemagne fédérale	1957 – 1959	Wiedereingliederung des Saargebiets in die Bundesrepublik
Seconde crise de Berlin: ultimatum de Krouchtchev	1958	2. Berlin-Krise: Ultimatum Chruschtschows
Construction du mur de Berlin	1961	Berliner Mauerbau
Indépendance de l'Algérie	1962	Unabhängigkeit Algeriens
Crise cubaine	"	Kuba-Krise
Traité d'amitié franco-allemand	1963	Deutsch-französischer Freundschaftsvertrag
Guerre des six jours	1967	Sechstagekrieg
Printemps de Prague	1968	Prager Frühling
Premier atterrissage sur la lune	1969	Erste Mondlandung
Accord quadripartite sur Berlin	1971	Viermächteabkommen über Berlin
Crise du pétrole	1973	Ölkrise
Signature à Helsinki du document final de la Conférence sur la sécurité et la coopération en Europe (CSCE)	1975	Unterzeichnung der Schlußakte der Konferenz über Sicherheit und Zusammenarbeit in Europa (KSZE) in Helsinki

1.4 Namen

1.4.1 Französisch-Deutsch

Acadie	Akadien
l'Adige	die Etsch
Agadé	Akkad
Aix-la-Chapelle [ɛks-]	Aachen
l'Alémanie	das Herzogtum Schwaben
Alger [-ʒe]	Algier
l'Algérie	Algerien
Aliénor d'Aquitaine	Eleonore von Aquitanien
l'Alsace(-Lorraine)	Elsaß(-Lothringen)
Andrinople	Adrianopel

les îles **Anglo-Normandes**	die Kanalinseln, die Normannischen Inseln
Anvers [ãvɛr(s)]	Antwerpen
l'**Argovie**	der Aargau
Arnoul	Arnulf
l'**Asie** (Mineure)	(Klein-)Asien
Auguste	Augustus
l'**Autriche**	Österreich
Bâle	Basel
la mer **Baltique**	die Ostsee
la **Basse-Saxe**	Niedersachsen
la **Bavière**	Bayern
la **Biélorussie**	Weißrußland
la **Bohême**	Böhmen
le **Bosphore**	der Bosporus
la **Bourgogne**	Burgund
le **Brésil**	Brasilien
la **Bretagne**	die Bretagne; Britannien
le **Brisgau**	der Breisgau
Bruges	Brügge
Brunswick	Braunschweig
Bruxelles [-sɛl]	Brüssel
le **Caire**	Kairo
le Pas de **Calais**	die Straße von Dover
Cannes	*auch* Cannae
Le **Cap**	Kapstadt
les **Capétiens**	die Kapetinger
la **Carinthie**	Kärnten
Carloman	Karlmann
Carthage	Karthago
la **Catalogne**	Katalonien
le **Caucase**	der Kaukasus
le **Centre**	Mittelfrankreich
César	Cäsar
Charlemagne	Karl der Große
Charles IV le Bel	Karl IV., der Schöne
Charles VI le Bien-Aimé *oder* le **Fou** *(Frkr. 1380–1422)*	Karl VI.
Charles II le Chauve	Karl II., der Kahle

Charles III le Gros	Karl III., der Dicke
Charles V *oder* **Charles Quint**	Karl V.
Charles V le Sage	Karl V., der Weise
Charles III le Simple	Karl III., der Einfältige
Charles le Téméraire	Karl der Kühne
Chéchonq	Scheschonk
le **Chili**	Chile
Chypre	Zypern
Claude	Claudius
Cléopâtre	Kleopatra
Clèves	Kleve
Clisthène	Kleisthenes
Clotaire	Chlothar
Clovis [-vis]	Chlodwig
Cologne	Köln
Christophe **Colomb**	Christoph Kolumbus
la **Confédération helvétique**	die Schweizerische Eidgenossen-schaft
Conrad II le Salique	Konrad II., der Salier
le lac de **Constance**	der Bodensee
la **Corée**	Korea
Corinthe	Korinth
les **Cornouailles**	Cornwall
la **Corse**	Korsika
le **Couloir** *oder* **Corridor** de Dantzig	der Danziger Korridor
la **Courlande**	Kurland
Cracovie	Krakau
la **Crimée**	die Krim
Damas [-mas]	Damaskus
le **Danube**	die Donau
Deux-Ponts	Zweibrücken
Douvres	Dover
Dresde [drɛsd]	Dresden
Dunkerque	Dünkirchen
l'**Écosse**	Schottland
l'**Elbe**	die Elbe
l'île d'**Elbe**	(die Insel) Elba
l'**Équateur**	1. der Äquator, 2. Ecuador

l'Escaut	die Schelde
l'Estonie	Estland
la **Franche-Comté**	Freigrafschaft Burgund
la **Franconie**	Franken
Frédéric Ier **Barberousse**	Friedrich I. Barbarossa
Frédéric II le Grand	Friedrich II., der Große
Frédéric Ier **le Querelleur**	Friedrich I., der Streitbare
Frédéric-Guillaume, le Grand Électeur	Friedrich-Wilhelm, der Große Kurfürst
Frédéric-Guillaume Ier**, le Roi-Sergent**	Friedrich Wilhelm I., der Soldatenkönig
le pays de **Galles**	Wales
Gand	Gent
la **Gaule**	Gallien
les **Gaulois**	die Gallier
Gênes	Genua
Genève	Genf
les **Germains**	die Germanen
la **Germanie**	Germanien
la **Grèce**	Griechenland
Grenade	Granada
les **Grisons**	Graubünden
Guillaume Ier**, le Conquérant**	Wilhelm I., der Eroberer
Guillaume II le Roux	Wilhelm II., Rufus
le **Hainaut**	der Hennegau
La **Haye**	Den Haag
Henri VI le Cruel	Heinrich VI., der Grausame
Henri le Lion	Heinrich der Löwe
Henri Ier **l'Oiseleur**	Heinrich I., der Vogeler
Henri II le Querelleur	Heinrich II., der Zänker
Henri II le Saint	Heinrich II., der Heilige
Henri X le Superbe	Heinrich X., der Stolze
la **Hesbaye**	der Haspengau
la **Hongrie**	Ungarn
Hugues Capet	Hugo Capet
les **Huns** [leœ̃]	die Hunnen
l'**Île-de-France**	*hist. Landschaft um Paris*
l'**Inde**, les ~s *f.*	Indien
le **Japon**	Japan

Jean II le Bon	Johann der Gute
Jean sans Peur	Johann ohne Furcht
Jean sans Terre	Johann Ohneland
Jean-Frédéric le Magnanime	Johann-Friedrich der Großmütige
Jeanne la Folle	Johanna die Wahnsinnige
Jérusalem [-ɛm]	Jerusalem
Juliers	Jülich
les **Jutes**	die Jüten
le canal de **Kiel**	der Nord-Ostsee-Kanal
le Lac **Léman**	der Genfer See
Lénine	Lenin
la **Lettonie**	Lettland
le **Levant**	die Levante, das Morgenland
Leyde	Leiden
le **Liban**	(der) Libanon
Liège	Lüttich
Lisbonne [lisb n]	Lissabon
la **Lituanie**	Litauen
la **Livonie**	Livland
la **Lombardie**	die Lombardei
les **Lombards**	die Langobarden
Londres	London
la **Lorraine**	Lothringen
Lothaire	Lothar
la **Lotharingie**	Lotharingen
Louis III l'Aveugle	Ludwig III., der Blinde
Louis IV de Bavière	Ludwig IV., der Bayer
Louis II le Bègue *oder* **le Fainéant**	Ludwig II., der Stammler
Louis XV le Bien-Aimé *(Frkr. 1715–1774)*	Ludwig XV.
Louis IV l'Enfant	Ludwig IV., das Kind
Louis V le Fainéant *(Frkr. 986–987)*	Ludwig V.
Louis II le Germanique	Ludwig II., der Deutsche
Louis XIV le Grand, le Roi-Soleil	Ludwig XIV., der Sonnenkönig
Louis VI le Gros	Ludwig VI., der Dicke
Louis X le Hutin *oder* **le Querelleur** *(Frkr. 1314–1316)*	Ludwig X.

Louis VII le Jeune *(Frkr. 1137–1180)*	Ludwig VII.
Louis III le Jeune *oder* **Louis de Saxe**	Ludwig III., der Jüngere
Louis VIII le Lion *(Frkr. 1223–1226)*	Ludwig VIII.
Louis IV d'Outre-Mer *(Frkr. 936–954)*	Ludwig IV.
Louis Ier le Pieux	Ludwig I., der Fromme
Louis IX *oder* **Saint Louis**	Ludwig IX., der Heilige
Louis-Philippe, le Roi-Citoyen	Louis-Philippe, der Bürgerkönig
Louvain	Löwen
la **Lusace**	die Lausitz
Lutèce	Lutetia
Lycurgue	Lykurg
la **Manche**	der Ärmelkanal
le **Maroc**	Marokko
Maxence	Maxentius
Mayence	Mainz
La **Mecque**	Mekka
la **Méditerranée**	das Mittelmeer
les monts **Métallifères**	das Erzgebirge
la **Meuse**	die Maas
le **Midi**	Südfrankreich
Milan	Mailand
la **Moldavie**	die Moldau *(Landschaft, Republik)*
Montbéliard	Mömpelgard
Morat	Murten
la **Moravie**	Mähren
Moscou	Moskau
la **Moselle**	die Mosel
Mulhouse	Mülhausen
Munich [-nik]	München
Nabuchodonosor	Nebukadnezar
Naples	Neapel
Néron	Nero
Nice	Nizza
Nicée	Nicaea
le **Niémen**	die Memel

Nimègue	Nimwegen
le mer du **Nord**	die Nordsee
Nuremberg [nyrɛ̃-, nyrã-]	Nürnberg
l'**Occident**	das Abendland
Octave	Octavius
Olomouc [-muk, -muts]	Olmütz
l'**ONU (Organisation des Nations unies)**	die Uno, die Vereinten Nationen
Orange	1. Oranien, 2. Oranje
les **Ostrogot(h)s** [-go]	die Ostgoten
l'**OTAN (Organisation du traité de l'Atlantique Nord)**	die NATO
Othon, Otton	Otto
ottoman	osmanisch
palatin	pfälzisch, Pfalz-
le **Palatinat**	die Pfalz
les **Pays-Bas**	die Niederlande
Pékin	Peking
le **Péloponnèse**	der Peloponnes
Pépin Ier l'Ancien *oder* **de Landen**	Pip(p)in I., der Ältere
Pépin II le Jeune *oder* **de Herstal**	Pip(p)in II., der Mittlere *oder* von Heristal
Pépin III le Bref	Pip(p)in III., der Jüngere *oder* der Kurze
Périclès	Perikles
Philippe Ier le Beau	Philipp I., der Schöne
Philippe IV le Bel	Philipp IV., der Schöne
Philippe III le Bon	Philipp III., der Gute
Philippe II le Hardi *(Burgund 1363–1404)*	Philipp II., der Kühne
Philippe III le Hardi *(Frkr. 1270–1285)*	Philipp III., der Kühne
Philippe V le Long	Philipp V., der Lange
Philippe Ier le Magnanime	Philipp I., der Großmütige
Philippe Ier de Souabe	Philipp I. von Schwaben
Pisistrate	Peisistratos
la **Pologne**	Polen
la **Poméranie**	Pommern
Pompée	Pompeius

Pompéi	Pompeji
le **Ponent**	der Westen
la **Posnanie**	Posen *(Provinz)*
Poznan	Posen *(Stadt)*
Prague	Prag
les **Provinces-Unies**	die Vereinigten Niederlande
la **Prusse**	Preußen
la **Russe-Rhénane**	die Rheinprovinz
Ratisbonne	Regensburg
la **Rhénanie**	das Rheinland
la **Rhénanie-du-Nord-Westphalie**	Nordrhein-Westfalen
la **Rhénanie-Palatinat**	Rheinland-Pfalz
le **Rhin**	der Rhein
le (Bas-/Haut-)**Rhin**	das (Unter-/Ober-)Elsaß
Ribeauvillé	Rappoltsweiler
Richard Ier **Cœur de Lion**	Richard I., Löwenherz
Richard de Cornouailles	Richard von Cornwall(is)
Robert Ier **le Diable** *oder* **le Ma-gnifique**	Robert I., der Teufel *oder* der Prächtige
Robert du Palatinat	Ruprecht von der Pfalz
Robert II le Pieux	Robert II., der Fromme
Sadowa	Königgrätz
Sainte-Croix	Heiligkreuz
Saint-Jean d'Acre	Akkon
Salamine	Salamis
salien, salique	salisch
la **Sardaigne**	Sardinien
les **Sarrasins**	die Sarazenen
la **Sarre**	die Saar *(Fluß)*; das Saargebiet
Sarrebruck	Saarbrücken
Sarreguemines	Saargemünd
Saverne	Zabern
la **Savoie**	Savoyen
la **Saxe**	Sachsen
les **Saxons**	die Sachsen
Sélestat	Schlettstadt
la **Silésie**	Schlesien
la **Souabe**	Schwaben
Sparte	Sparta

Spire	Speyer
Staline	Stalin
la Styrie	Steiermark
la Suède	Schweden
la Suisse	die Schweiz
Sylla	Sulla
la Tamise	die Themse
la Thuringe	Thüringen
Tibère	Tiberius
la Transylvanie	Siebenbürgen
Trente	Trient
le Trentin-Haut-Adige	Südtirol
Trêves	Trier
les Trois-Évêchés	*Metz, Toul, Verdun*
Trotski	Trotzki
l'URSS (Union des Républiques soviétiques socialistes)	die UdSSR (Union der Sozialistischen Sowjetrepubliken)
la Valachie	die Wallachei
Varsovie	Warschau
le canton de Vaud	der Kanton *oder* die Waadt
la Vénétie	Venetien
Venceslas	Wenzel
Venise	Venedig
Vienne	Wien
Vieux-Brisach [-zak]	Breisach
Ville-Marie	Montréal *(hist. Bezeichnung)*
la Vistule	die Weichsel
les Vosges [vɔʒ]	die Vogesen
Wenceslas	Wenzel
les Wisigot(h)s [-go]	die Westgoten
Wissembourg	Weißenburg
Ypres	Ypern

1.4.2 Deutsch-Französisch

Aachen	Aix-la-Chapelle [ɛks-]
der Aargau	l'Argovie
das Abendland	l'Occident
die Adria	l'Adriatique

Adrianopel	Andrinople
Ägypten	l'Égypte
der **Ärmelkanal**	la Manche
Afrika	l'Afrique
Akkad	Agadé
Akkon	Saint-Jean d'Acre
Albrecht	Albert
die **Alemannen**	les Alamans
Alemannien	Alamannie, Alémannie
Alfons	Alphonse
Algerien	l'Algérie
Algier	Alger [-ʒe]
die **Alpen**	les Alpes
(Nord-/Süd-)**Amerika**	l'Amérique (du Nord/du Sud)
Andorra	Andorre
die **Angeln**	les Angles
Antwerpen	Anvers [-vɛr(s)]
Aquitanien	l'Aquitaine
(Saudi-)**Arabien**	l'Arabie (Saoudite *oder* Séoudite)
Argentinien	l'Argentine
Arnulf	Arnoul
(Klein-)**Asien**	l'Asie (Mineure)
Athen	Athènes
der **Atlantik**	l'Atlantique
Augustus	Auguste
Austr(as)ien	l'Austrasie
die **Awaren**	les Avars
Baden	le (pays de) Bade
Baden-Württemberg	le Bade-Wurtemberg
der **Balkan**	les Balkans
die **Balkanhalbinsel**	la péninsule balkanique *oder* des Balkans
das **Baltikum**	les pays baltes
Basel	Bâle
das **Baskenland**	le Pays Basque
Bayern	la Bavière
bayrisch	bavarois
Belgien	la Belgique
(Ost-/West-)**Berlin**	Berlin (-Est/-Ouest)

45

der **Bodensee**	le lac de Constance
Böhmen	la Bohême
Bonifatius	Boniface
der **Bosporus**	le Bosphore
Brandenburg	le Brandebourg
Brasilien	le Brésil
Braunschweig	*(Land* le) Brunswick
Breisach	Vieux-Brisach [-zak]
Bremen	Brême
Breschnew	Brejnev
Britannien	la Bretagne
Brügge	Bruges
Brüssel	Bruxelles [-sɛl]
Bulgarien	la Bulgarie
Burgund	la Bourgogne
die **Burgunder**	les Bourguignons, *hist.* les Burgondes
Byzanz	Byzance
Caesar	César
Cannae	Cannes
die **Champagne**	la Champagne
Chile	le Chili
(die Volksrepublik) **China**	la (république populaire de) Chine
Chlodwig	Clovis [-vis]
Chlothar	Clotaire
Chruschtschow	Khrouchtchev
Claudius	Claude
Cornwall	les Cornouailles
Dänemark	le Danemark
Damaskus	Damas [-mas]
Den Haag	La Haye
die **Deutsche Demokratische Republik (DDR)**	la République démocratique allemande (RDA)
(Ost-/West-)**Deutschland**	l'Allemagne (de l'Est *oder* orientale/de l'Ouest *oder* occidentale)
die Bundesrepublik **Deutschland** (BRD)	la République Fédérale d'Allemagne (RFA)
die **Donau**	le Danube
Dover	Douvres

die Straße von ~	le Pas de Calais
Dresden	Dresde [drɛsd]
Dünkirchen	Dunkerque
Elba	l'île d'Elbe
die **Elbe**	l'Elbe
Eleonore von Aquitanien	Aliénor d'Aquitaine
Elsaß-Lothringen	l'Alsace-Lorraine
England	l'Angleterre
das **Erzgebirge**	les monts Métallifères
Estland	l'Estonie
die **Etsch**	l'Adige
Europa	l'Europe
der **Ferne Osten**	l'Extrême-Orient
Finnland	la Finlande
Flandern	la Flandre *oder* les Flandres
Florenz	Florence
fränkisch	*Frkr.* franc, -que, *Dtld.* franconien
Franken	la Franconie
die **Franken**	les Francs
Frankfurt (am Main/an der Oder)	Francfort (-sur-le-Main/sur-l'Oder)
Frankreich	la France
Freiburg (im Breisgau)	Fribourg (-en-Brisgau)
die **Freigrafschaft Burgund**	la Franche-Comté
Friedrich I. Barbarossa	Frédéric Ier Barberousse
Friedrich II., der Große	Frédéric II le Grand
Friedrich I., der Streitbare	Frédéric Ier le Querelleur
Friedrich-Wilhelm, der Große Kurfürst	Frédéric-Guillaume, le Grand Électeur
Friedrich-Wilhelm I., der Soldatenkönig	Frédéric-Guillaume Ier, le Roi-Sergent
Gallien	la Gaule
die **Gallier**	les Gaulois
Genf	Genève
der **Genfer See**	le Lac Léman
Gent	Gand
Genua	Gênes
die **Germanen**	les Germains
Germanien	la Germanie
Granada	Grenade

Graubünden	les Grisons
Gregor	Grégoire
Griechenland	la Grèce
Großbritannien	la Grande-Bretagne
Hannover	*(Land* le) Hanovre
der Haspengau	l'Hesbaye
Havanna	La Havane
Heiligkreuz	Sainte-Croix
Heinrich VI., der Grausame	Henri VI le Cruel
Heinrich II., der Heilige	Henri II le Saint
Heinrich der Löwe	Henri le Lion
Heinrich X., der Stolze	Henri X le Superbe
Heinrich II., der Zänker	Henri II le Querelleur
Helgoland	Helgoland, Héligoland
Helvetien	l'Helvétie
der Hennegau	le Hainaut
Hessen	la Hesse
Holland	la Hollande
Hugo Capet	Hugues Capet
die Hunnen	les Huns [leœ̃]
Ignatius von Loyola	Ignace de Loyola
Indien	l'Inde, *früher* les ~s
Indochina	l'Indochine
(Nord-)Irland	l'Irlande (du Nord)
Island	l'Islande
Israel	Israël
Italien	l'Italie
Jalta	Yalta
Japan	le Japon
Jena	Iéna
Jerusalem	Jérusalem [-ɛm]
Johann II., der Gute	Jean II le Bon
Johann Ohneland	Jean sans Terre
Johann ohne Furcht	Jean sans Peur
Johann-Friedrich der Groß- mütige	Jean-Frédéric le Magnanime
Johanna die Wahnsinnige	Jeanne la Folle
Jülich	Juliers
die Jüten	les Jutes

48

Jugoslawien	la Yougoslavie
Kärnten	la Carinthie
Kairo	Le Caire
Kanada	le Canada
die **Kanalinseln**	les îles Anglo-Normandes
die **Kapetinger**	les Capétiens
Kapstadt	Le Cap
Karl V.	Charles V *oder* Charles Quint
Karl III., der Dicke	Charles III le Gros
Karl III., der Einfältige	Charles III le Simple
Karl der Große	Charlemagne
Karl II., der Kahle	Charles II le Chauve
Karl der Kühne	Charles le Téméraire
Karl IV., der Schöne	Charles IV le Bel
Karl V., der Weise	Charles V le Sage
Karl Martell	Charles Martel
Karlmann	Carloman
Karthago	Carthage
Katalonien	la Catalogne
Kirchenstaat	l'État pontifical, les États pontificaux *oder* de l'Église
Kleinasien	l'Asie Mineure
Kleisthenes	Clisthène
Klemens	Clément
Kleopatra	Cléopâtre
Kleve	Clèves
Koblenz	Coblence
Köln	Cologne
Königgrätz	Sadowa
Christoph **Kolumbus**	Christophe Colomb
Konrad II., der Salier	Conrad II le Salique
Konradin	Conradin
Konstantinopel	Constantinople
Konstanz	Constance
Kopenhagen	Copenhague [kɔpɛnag]
Korea	la Corée
Korinth	Corinthe
der **Korridor**	le couloir *oder* corridor de Dantzig
Korsika	la Corse

Krakau	Cracovie
der **Kreml**	le Kremlin
Kreta	la Crète
die **Krim**	la Crimée
Kuba	Cuba
Kurland	la Courlande
die **Kurpfalz**	le Palatinat électoral
die **Langobarden**	les Lombards
Lateinamerika	l'Amérique latine
die **Lausitz**	la Lusace
Lenin	Lénine
Leo	Léon
Lettland	la Lettonie
die **Levante**	le Levant
Libanon	le Liban
Libyen	la Libye
Liechtenstein	le Liechtenstein
Lissabon	Lisbonne [lisbɔn]
Litauen	la Lituanie
Livland	la Livonie
Löwen	Louvain
London	Londres
Lothar	Lothaire
Lotharingen	Lotharingie
Lothringen	la Lorraine
Louis-Philippe, der Bürgerkönig	Louis-Philippe, le Roi-Citoyen
Louisiana	la Louisiane
Ludwig IV., der Bayer	Louis IV de Bavière
Ludwig III., der Blinde	Louis III l'Aveugle
Ludwig II., der Deutsche	Louis II le Germanique
Ludwig VI., der Dicke	Louis VI le Gros
Ludwig I., der Fromme	Louis Ier le Pieux
Ludwig IX., der Heilige	Louis IX *oder* Saint Louis
Ludwig III., der Jüngere	Louis III le Jeune *oder* Louis de Saxe
Ludwig IV., das Kind	Louis IV l'Enfant
Ludwig XIV., der Sonnenkönig	Louis XIV le Grand, le Roi-Soleil
Ludwig II., der Stammler	Louis II le Bègue *oder* le Fainéant
Lüttich	Liège

Lutetia	Lutèce
Luxemburg	(*Land* le) Luxembourg
Lykurg	Lycurgue
die **Maas**	la Meuse
Mähren	la Moravie
Mailand	Milan
der **Main**	le Main
Mainz	Mayence
Marokko	le Maroc
Mauretanien	la Mauritanie
Maxentius	Maxence
Maximilian	Maximilien
Mekka	La Mecque
die **Memel**	le Niémen
die **Merowinger**	les Mérovingiens
Metz	Metz [mɛs]
Mexiko	*Land* le Mexique, *Stadt* Mexico
Mömpelgard	Montbéliard
Monaco	Monaco
das **Morgenland**	le Levant
die **Mosel**	la Moselle
Moskau	Moscou
Mülhausen	Mulhouse
München	Munich [-nik]
Murten	Morat
die **NATO**	l'OTAN (Organisation du traité de l'Atlantique Nord)
Neapel	Naples
Nebukadnezar	Nabuchodonosor
Nero	Néron
Neustrien	la Neustrie
Nicaea	Nicée
die **Niederlande**	les Pays-Bas
Niedersachsen	la Basse-Saxe
Nimwegen	Nimègue
Nizza	Nice
der **Nord-Ostsee-Kanal**	le canal de Kiel
Nordrhein-Westfalen	la Rhénanie-du-Nord-Westphalie
die **Nordsee**	la mer du Nord

51

die **Normannischen Inseln**	les îles Anglo-Normandes
Norwegen	la Norvège
Nürnberg	Nuremberg [nyrɛ̃-, nyrɑ̃-]
Octavius	Octave
Österreich(-Ungarn)	l'Autriche(-Hongrie)
Olmütz	Olmütz, Olomouc [-muk, -muts]
Oranien	Orange
osmanisch	ottoman
(der Ferne/Mittlere/Nahe) **Osten**	(l'Extrême-/le Moyen-/le Proche-) Orient
die **Ostgoten**	les Ostrogot(h)s [-go]
das **Oströmische Reich**	l'Empire romain d'Orient
die **Ostsee**	la (mer) Baltique
Otto	Othon, Otton
Palästina	la Palestine
das **Pariser Becken**	le Bassin parisien
Pavia	Pavie
der **Pazifik**	le Pacifique
Peisistratos	Pisistrate
Peking	Pékin
der **Peloponnes**	le Péloponnèse
Perikles	Périclès
Persien	la Perse, *heute* l'Iran
Peter der Große	Pierre le Grand
(Sankt) **Petersburg**	Saint-Pétersbourg
die (Unter-/Ober-)**Pfalz**	le (Bas-/Haut-)Palatinat
Philipp I., der Großmütige	Philippe Ier le Magnanime
Philipp III., der Gute	Philippe III le Bon
Philipp II., der Kühne *(Burgund 1363–1404)*	Philippe II le Hardi
Philipp III., der Kühne *(Frkr. 1270–1285)*	Philippe le Hardi
Philipp V., der Lange	Philippe V le Long
Philipp I., der Schöne *(Niederlande)*	Philippe Ier le Beau
Philipp IV., der Schöne *(Frkr. 1285–1314)*	Philippe IV le Bel
Philipp I. von Schwaben	Philippe Ier de Souabe
Pip(p)in I., der Ältere	Pépin Ier l'Ancien *oder* de Landen

Pip(p)in III., der Jüngere *oder* **der Kurze**	Pépin le Bref
Pip(p)in II., der Mittlere *oder* **von Heristal**	Pépin II le Jeune *oder* de Herstal
Polen	la Pologne
(Hinter-/Vor-)Pommern	la Poméranie (orientale/occidentale)
Pompeius	Pompée
Pompeji	Pompéi
Portugal	le Portugal
Posen	*Stadt* Poznan, *früher* Posen; *Provinz* la Posnanie
Prag	Prague
(Ost-/West-)Preußen	la Prusse (-Orientale/-Occidentale)
die **Provence**	la Provence
die **Pyrenäen**	les Pyrénées
Rätien	la R(h)étie
Rappoltsweiler	Ribeauvillé
Regensburg	Ratisbonne
der **Rhein**	le Rhin
Rheinland	la Rhénanie
die **Rheinlande**	les pays rhénans
Rheinland-Pfalz	la Rhénanie-Palatinat
die **Rheinprovinz**	la Prusse-Rhénane
die **Rhone**	le Rhône
Richard von Cornwall(is)	Richard de Cornouailles
Richard I., Löwenherz	Richard Ier Cœur de Lion
das **Riesengebirge**	les monts des Géants
die **Riviera**	*Frkr.* la Côte d'Azur, *Italien* la Riviera
Robert II., der Fromme	Robert II le Pieux
Robert I., der Teufel *oder* **der Prächtige**	Robert Ier le Diable *oder* le Magnifique
Rom	Rome
Rudolf	Rodolphe
Rumänien	la Roumanie
Ruprecht von der Pfalz	Robert du Palatinat
Rußland	la Russie
Saar *(Fluß, Gebiet)*	la Sarre
Saarbrücken	Sarrebruck

53

Saargemünd	Sarreguemines
Sachsen	la Saxe
die **Sachsen**	les Saxons
die **Sahara**	le Sahara
Salamis	Salamine
salisch	salien, salique
San Marino	Saint-Marin
Sankt Gallen	Saint-Gall
Sankt Helena	Sainte-Hélène
die **Sarazenen**	les Sarrasins
Sardinien	la Sardaigne
Savoyen	la Savoie
die **Schelde**	l'Escaut
Scheschonk	Chéchonq
(Nieder-/Ober-)**Schlesien**	la (Basse-/Haute-)Silésie
Schleswig-Holstein	le Schleswig-Holstein
Schottland	l'Écosse
Schwaben	la Souabe
das **Schwarze Meer**	la mer Noire
der **Schwarzwald**	la Forêt-Noire
Schweden	la Suède
die **Schweiz**	la Suisse
die **Schweizerische Eidgenossen-** schaft	la Confédération helvétique
Sibirien	la Sibérie
Siebenbürgen	la Transylvanie
Siegmund, Sigismund	Sigismond
Sizilien	la Sicile
Skandinavien	la Scandinavie
die **Slawen**	les Slaves
Slowakei	la Slovaquie
die **Sowjetunion** (= Union der So- zialistischen Sowjetrepubliken, UdSSR)	l'Union soviétique (= Union des Ré- publiques soviétiques socialistes, URSS)
Spanien	l'Espagne
Sparta	Sparte
Speyer	Spire
Stalin	Staline
die **Steiermark**	la Styrie

Straßburg	Strasbourg
die **Sudeten**	les Sudètes
Südtirol	le Trentin-Haut-Adige, le Tyrol du Sud
Sulla	Sylla
die **Themse**	la Tamise
Thüringen	la Thuringe
Tiberius	Tibère
Tirol	le Tyrol
Tokio	Tokyo
die **Toskana**	la Toscane
das **Tote Meer**	la mer Morte
Trient	Trente
Trier	Trêves
Trotzki	Trotski
die **Tschechoslowakei**	la Tchécoslovaquie
die **Türkei**	la Turquie
Tunesien	la Tunisie
Ukraine	l'Ukraine [ykrɛn]
Ungarn	la Hongrie
die **UNO**	l'ONU (Organisation des Nations unies)
die **Vandalen**	les Vandales
Vatikan(stadt)	le (la cité du) Vatican
Venedig	Venise
Venetien	la Vénétie
die **Vereinigten Niederlande**	les Provinces-Unies
die **Vereinigten Staaten**	les États-Unis
die **Vereinten Nationen**	les Nations Unies
Vietnam	le Viêt-Nam
die **Vogesen**	les Vosges [voʒ]
die **Wallachei**	la Valachie
Wallonien	la Wallonie
Warschau	Varsovie
die **Weichsel**	la Vistule
das **Weiße Haus**	la Maison Blanche
Weißenburg *(Elsaß)*	Wissembourg
Weißrußland	la Biélorussie, la Russie Blanche
Wenzel	Venceslas, Wenceslas

55

Westfalen	la Westphalie
die **Westgoten**	les Wisigot(h)s [-go]
das **Weströmische Reich**	l'Empire romain d'Occident
Wien	Vienne
Wilhelm I., der **Eroberer**	Guillaume Ier, le Conquérant
Wilhelm II. Rufus	Guillaume II le Roux
die **Wolga**	la Volga
Ypern	Ypres
Zabern	Saverne
Zürich	Zurich [-rik]
Zweibrücken	Deux-Ponts
Zypern	Chypre

1.5 Sachwortschatz

1.5.1 Französisch-Deutsch

abbaye [abe(j)i] *f.*	Abtei
abbaye-évêché *f.*	Abteibistum
abbé, abbesse	Abt, Äbtissin
abdiquer	abdanken; aufgeben
abjurer	abschwören
abrègement, abrégement de fief	*Wertminderung eines Lehens*
abri *m.*	Obdach, Unterschlupf
abroger	aufheben, außer Kraft setzen
accablé d'impôts	von Steuern erdrückt
accaparer	in Beschlag nehmen, beanspruchen
accolade	Ritterschlag
accommodement	Ausgleich, Arrangement
(armée) **active**	aktive Truppe
en **activité**	im aktiven Dienst
adhérer	bei-, eintreten, sich anschließen
adhésion	Bei-, Eintritt
afféager	*adliges Land zu Lehen oder Afterlehen geben*
affouage	Holzgerechtigkeit, -gerechtsame
affranchir	freilassen
(s')**affronter**	(sich) gegenüber-, entgegentreten
agraire	Acker-, Boden-
agrarien	agrarisch/Agrarier

aides *Pl. f.*	*außerordentlich erhobene Abgabe(n), indirekte Steuern*
cour des ~	Steuergericht
ajourner	verschieben, vertagen
~ du service militaire	vom Militärdienst zurückstellen
albigeois	albigensisch/Albigenser
allégeance	Treuepflicht, Gehorsam
al(l)eu	Allod; Freigut, -hof
s'**allier**	*auch durch Heirat* sich verbinden
(proposition d')**amendement**	Änderungs(antrag)
amirauté *f.*	Admiralität
amnistier	amnestieren
anabaptiste [anabatist]	wiedertäuferisch / Wiedertäufer
anoblir	adeln
apaisement	Befriedung, Beschwichtigung, Appeasement
apanage	Apanage, *Lehnswesen* Leibgedinge
apatride	staatenlos / Staatenloser
apogée *m.*	Höhepunkt, Gipfel *(fig.)*
s'**approprier**	sich *unrechtmäßig* aneignen
arbitrage	Schiedsgerichtsbarkeit, Schlichtung
archevêque	Erzbischof
course aux **armements**	Wettrüsten, Rüstungswettlauf
armistice *m.*	Waffenstillstand
armure	(Ritter)Rüstung, Harnisch, Panzer
armurerie	Waffenfabrik(ation)
arrière-ban *m.*	Heerbann der Aftervasallen
arrière-bénéfice *m.*	Afterlehen
arrière-censive *f.*	Afterpacht(pflichtiges Lehen)
arrière-fief *m.*	Afterlehen
arrière-vassal *m.*	Aftervasall
s'**arroger**	sich *widerrechtlich* aneignen, sich anmaßen
aspirant	(Offiziers- usw.)Anwärter, Fahnenjunker, Seekadett
assassinat	(Meuchel-)Mord, Attentat
assermenter	ver-, beeidigen
prêtre **assermenté**	*auf die Zivilverfassung des Klerus* vereidigter Priester *(1790)*

assiégeant	Belagerer
assiéger	belagern
assolement	Fruchtwechsel; Felderwirtschaft
atteinte à la sûreté (extérieure) de l'État	Landesverrat
atteinte au crédit de l'État	Staatsverleumdung
audience	*auch* (Gerichts)Verhandlung, Termin
aulique	Hof-
Conseil ~	(Reichs-)Hofrat
aumône *f.*	Almosen
aumônier (militaire)	Feldgeistlicher
avènement	Thronbesteigung, (Regierungs)Antritt
aveu	*Anerkennung eines Lehnsverhältnisses*
~x	Lehnsanerkennungsgebühren
bail, *Pl.* **baux**	Pacht(vertrag)
baillage	Amtsbezirk eines Bailli, Vogtei
bailli	Bailli, Vogt
ballottage	*Wahlausgang ohne Mehrheit für einen Kandidaten*
banalité	*auch* Banngerechtsame, Zwangsgerechtigkeit
banlieue *f.*	Bannmeile
bannière	Banner, Panier; *vom Lehnsherrn für die Heerfahrt des Königs ausgehobene Truppe*
terre à ~	Gebiet, in dem ein Lehnsherr Truppen ausheben durfte
baptiste	Täufer
bataille d'usure	Abnutzungsschlacht
bâtiment	Gebäude; *großes* Schiff
~ de guerre	Kriegsschiff
belliciste	Kriegshetzer
belligérant	kriegführend / Kriegsteilnehmer
belliqueux	kriegerisch
bénéfice (ecclésiastique) *m.*	Kirchenpfründe
ordre de Saint-**Benoît**	Benediktiner(orden)

biens de l'Église / publics	Kirchen-/ Staatsvermögen
Blanc / Bleu	*Royalist / Republikaner in der Vendée (Frz. Revolution)*
blindé	gepanzert, Panzer- *(Fahrzeug)*
blocus [-kys] *m.*	Blockade
bourgeoisie de talent	Bildungsbürgertum
battre en **brèche**	eine Bresche zu schlagen versuchen
bûcher	Scheiterhaufen
bulle d'excommunication	Bannbulle
burgrave	Burggraf
butin	Beute
cachot	Kerker, Verlies
cahiers de doléances	Beschwerdehefte *(Eingaben der Stände an den König)*
camoufler	tarnen *(auch fig.)*, verschleiern
chair à **canon**	Kanonenfutter
canonisation	Heiligsprechung
cantonnement	Quartier
prendre ses ~s	Quartier(e) beziehen
~ chez l'habitant	Einquartierung
(se) **cantonner**	(sich) einquartieren
capitaine	Hauptmann; Rittmeister; Kapitänleutnant; Feldherr, Heerführer
capitation	Kopfsteuer
caporal	Gefreiter
le Petit **Caporal**	*Napoleon I.*
carme, carmélite	Karmeliter
carme déchaussé *oder* déchaux	Barfüßer
carnage	Gemetzel, Blutbad
cathare	katharisch / Katharer
cellérier	Kellermeister
cène *f.*	Abendmahl
cens [sãs]	Zensus; (Pacht-)Zins
censier	Zins
seigneur ~	Zinsherr
censitaire	Zensus-
électeur ~	*nach dem Wahlzensus* Wahlberechtigter
motion de **censure**	Mißtrauensantrag

59

césaro-papisme	Caesaropapismus, Papstkaisertum
cession	Übertragung, -lassung, Abtretung
chambellan	Kammerherr, Kämmerling
Grand ~	oberster Kammerherr
chambre	*polit.* Kammer, *jur.* Senat
Chambre ardente	*im Ancien Régime Sondergerichtshof, der bestimmte Verbrechen mit Verbrennung ahndete*
Chambre basse/haute *oder* des communes/des lords [lɔr]*oder* pairs	Unter-/Oberhaus *(England)*
Chambre bleu-horizon	*revanchistische Abgeordnetenkammer von 1919 (Frkr.)*
Chambre impériale aulique	Reichshofrat
Chambre introuvable	*ultraroyalistische Abgeordnetenkammer von Oktober 1815 (Frkr.)*
Chambre syndicale	Arbeitgeberverband
chambrier	Kämmerer
Grand ~	Oberkämmerer
champart	*Ernteanteil, den der Vasall an seinen Lehnsherrn abzuliefern hatte*
chanoine	Domherr, Kanoniker
char	Wagen; Panzer
~ de combat *oder* de guerre	Kampf-, Streitwagen
frère/sœur de la **charité**	Barmherziger Bruder / Barmherzige Schwester
chartreux	Kartäuser
châtelain	Burg-, Schloßherr
chômage	Arbeitslosigkeit
chômeur	Arbeitsloser
chouannerie	*Aufstand, Bewegung der* → **Chouans**
les **Chouans**	*royalistische Aufständische gegen die Frz. Revolution*
chute *f.*	Fall, Sturz
cisrhénan	diesseits des Rheins
l'ordre **cistercien** *oder* de **Cîtaux**	Zisterzienser(orden)
citoyenneté	Staatsangehörigkeit, -bürgerschaft

la **classe** ouvrière	die Arbeiterklasse
les **classes** laborieuses	die arbeitenden Klassen
claustral	klösterlich, Kloster-
clerc [klɛr] *m.*	Schreiber, *auch:* Geistlicher, Gelehrter
clergé *m.*	Klerus, Geistlichkeit
(se) **coaliser**	(sich) verbünden
code civil *oder* Napoléon	*frz. Landrecht, Bürgerliches Gesetzbuch*
collabo(rateur)	Kollaborateur *(bes. während der dt. Besatzung 1940–44)*
les trois **collèges**	*die drei Kollegien des Reichstags*
colon	Kolonist, Siedler
colonel	Oberst
commandant	Major; Kommandeur, Kommandant, Kapitän
~ en chef	Oberbefehlshaber
commune	Gemeinde, *(bes. Pariser)* Stadtrat, Kommune
compagnonnage	Gesellenbund
concilier	in Übereinstimmung bringen, ausgleichen, versöhnen
se ~ la confiance de qn	jds Vertrauen gewinnen
se ~ avec	sich vereinbaren lassen mit
confiner	verbannen, einsperren, -schließen
~ à	(an-)grenzen an
confrérie	Bruderschaft; Zunft, Gilde
congrégation	(Ordens-)Bruderschaft
consacrer	*kirchl.* weihen
conscription	Aushebung
Conseil d'État	*auch* Oberstes Verwaltungsgericht
Conseil de guerre	*auch* Kriegsgericht
passer en ~ de guerre	vor ein Kriegsgericht kommen
Conseil de contrôle	Kontrollrat
Conseil fédéral	Bundesrat *(BRD, Schweiz)*
consentement	Einwilligung, Zustimmung
contestation	Anfechtung; Protest(bewegung); Streitfall
contester	anfechten, protestieren, bestreiten

contracter	*Bündnis* schließen, *Schulden* machen
les États **contractants**	die vertragschließenden Staaten
contrer	entgegentreten
conventuel	klösterlich, Kloster-
convoquer	*Versammlung u. dgl.* einberufen
~ les États	die Stände einberufen
club des **cordeliers**	Franziskanerklub *(Frz. Revolution)*
corporation	Gilde, Zunft
grande ~ de l'État	staatliches Organ mit besonderen Aufgaben
corps franc	Freikorps
corps de métier	(Handwerks-)Gilde, Zunft
correspondant aux armées *oder* de guerre	Kriegsberichterstatter
corvée	Fron(dienst)
couche *f.*	*(auch* soziale) Schicht
couler	versenken *(Schiff)*
cour	*(auch* Gerichts-)Hof
être bien/mal en ~	bei Hofe in Gnade/Ungnade stehen
~ féodale	Lehenshof
~ martiale	Standgericht
~ du roi *oder* du prince	Hofgericht
~ suprême d'Empire	Reichskammergericht
Haute ~ (de justice)	Sondergericht
couronne élective	Wahlkönigtum
(guerre de) **course**	Kaperei, Seeräuberei
cousin	*Anrede unter Monarchen*
coutume(s) *f.*	Gewohnheitsrecht
~s de Paris	*Sammlung niedergeschriebener Gewohnheitsrechte von Paris*
droit de ~	*Zinspflicht des Vasallen an den Herrn beim Verkauf von Naturalien*
coutumier	gewohnt, gewöhnlich
droit ~ *oder* loi ~ ère	Gewohnheitsrecht
couvent	Kloster; Mönche *oder* Nonnen eines Klosters
couvre-feu *m.*	Ausgangssperre

croisade	Kreuzzug
croisé	Kreuzfahrer, -ritter
croissance (économique)	(Wirtschafts-)Wachstum
croix de chevalier	Ritterkreuz
croix gammée	Hakenkreuz
les **croquants**	*aufständische Bauern unter Heinrich IV. und Ludwig XIII.*
cuirasse *f.*	Panzer(ung), Harnisch
cuirasser	panzern
liberté du **culte**	Religionsfreiheit
dames de France	*Titel der königl. Prinzessinnen*
dauphin, ~e	Dauphin *(frz. Thronfolger),* Gemahlin des Dauphin, Thronfolger, -in
le Grand ~	*der Sohn Ludwigs XIV.*
débâcle *f.*	*milit.* wilde Flucht, Auflösung, Zusammenbruch *(bes. 1940 in Frkr.)*
débarquement	Landung, *1944 in der Normandie* Invasion
décaler	verschieben, *Truppen* verlegen
décapiter	enthaupten *(auch fig.)*
déchéance	Niedergang; Verwirkung; Aberkennung; Absetzung; Erlöschen
~ de la nationalité	Verlust der Staatsangehörigkeit
décime (ecclésiastique) *m., auch f.*	Décime *(Abgabe des Klerus an die Krone);* Zehnt(er)
déclencher	auslösen *(Entwicklung, Ereignis)*
déclin	Niedergang, Verfall
décoller	enthaupten
dédommager (de)	entschädigen (für)
se ~ (de)	sich schadlos halten (für)
défection	Abfall
faire ~	abfallen, abtrünnig werden; austreten, nicht erscheinen
défense civile, passive	Luftschutz
défense légitime	Notwehr
défricher	urbar machen
déjouer	vereiteln, durchkreuzen

63

délabrer	verfallen, verkommen lassen; ruinieren, zerrütten
délaisser	sich abkehren von
délier	entbinden
démêlé(s *Pl.*) *m.*	Streit, Auseinandersetzung, Händel
démission de foi	*Verzicht auf einen Teil des Lehens*
denier à Dieu	Handgeld
denier du culte, du clergé	Kirchgeld *(in Frkr. freiwillige Abgabe an die Kirche)*
dénoncer	*Vertrag u. dgl.* kündigen
déposer	*jdn* absetzen
désertion des campagnes	Landflucht
despotisme éclairé	aufgeklärter Absolutismus
destituer	absetzen, entlassen
détenir	behalten, besitzen, innehaben
détenteur	besitzend, innehabend / Besitzer, Inhaber
puissance **détentrice**	Gewahrsamsmacht
détresse économique / financière	wirtschaftliche / finanzielle Not
diacre	Diakon
diète *f.*	*in Dtld. bis 1806 u. in and. Ländern* Reichstag, *in der BRD* Landtag
différend(s)	Meinungsverschiedenheit(en), Unstimmigkeit(en)
dîme *f.*	Zehnt(er)
dîmerie	vom Zehnt(en) belastetes Land
disgracier qn	jdm seine Gunst entziehen
être **disgracié**	in Ungnade fallen
disloquer	auseinanderreißen, zerschlagen, *Demonstrationen* auflösen / auseinanderbrechen, -fallen; sich auflösen
(se) **disputer**	(sich) streiten, streitig machen
(non-)**dissémination**	(Nicht-)Ver-, Ausbreitung
dissoudre	*Versammlung u. dgl.* auflösen
dissuasion	Abschreckung
force de ~	Abschreckungs(streit)macht
domaine *m.*	(Land)Gut; Gebiet *(auch fig.)*
~ de l'État	Staatsvermögen(sverwaltung)

domanial	zum Gut gehörig, Guts-; staatlich, Staats-
dominicain	dominikanisch, Dominikaner-/ Dominikaner *(Kirche; Land)*
dot [dɔt] *f.*	Mitgift
doter	Mitgift geben; dotieren, ausstatten, -rüsten
dressage	*milit.* Drill
dresser	*milit.* drillen
(se) ~ contre	sich auflehnen, sich empören gegen
droit	(An-)Recht; Gebühr, Abgabe, Zoll
faire valoir son ~ sur	sein Anrecht geltend machen auf
~ ancien	*frz. Recht bis zur Frz. Revolution*
~ d'auberge / de cité	Herbergs- / Stadtrecht
~ civil	bürgerliches Recht, Zivilrecht
~ commun / des gens / naturel / romain	Land- / Völker- / Natur- / Römisches Recht
~ divin	Gottesgnadentum
de ~ divin	von Gottes Gnaden
~ d'étape/de pacage	Stapel-/Weiderecht
~ (de douane) préférentiel	Vorzugszoll
~ régalien	Regal, Hoheitsrecht
~ seigneurial	grundherrschaftliche Gerichtsbarkeit
~s civiques	bürgerliche Ehrenrechte
duché-pairie *m.*	*in Frkr. Herzogtum eines Herzogs, der zugleich Pair ist*
écarteler	vierteilen
écarter	beseitigen; kaltstellen
échafaud	Schafott
échauffourée	Scharmützel
échevin *m.*	Schöffe
éclairé	aufgeklärt
école militaire supérieure	Kriegsakademie
les **Écolos**	*Frkr.* die Grünen
écraser	erdrücken; nieder-, zerschlagen
écrasé d'impôts	von Steuern erdrückt
écuyer	(Schild)Knappe, junger Edelmann
effacer	löschen, tilgen, wegfallen lassen
s'~	*auch* zurücktreten, -stehen

effectif	Personalbestand, Truppenstärke
~ de guerre/de paix	Kriegs-/Friedensstärke
effet	*auch* Wertpapier
~s publics	Staatspapiere
s'effondrer	zusammenbrechen
égide *f.*	Ägide; Schutz, Schirmherrschaft
sous l'~ de la Prusse	unter dem Schutz, der Schirmherr-schaft Preußens
électeur	Wähler
(le Grand) **Électeur**	(der Große) Kurfürst
les **Électeurs**	das kurfürstliche Kollegium
pays d'**élection**	*im Ancien Régime Provinzen, die keine Stände mehr hatten*
élections municipales	Gemeinde-, Kommunalwahlen
électoral	1. Wahl-; 2. kurfürstlich
collège ~	Wählerschaft; *für den frz. Senat* Wahlkollegium
corps ~	Wählerschaft
électorat	1. Wählerschaft; 2. Wahlrecht, -be-rechtigung; 3. Kurfürstentum, -würde
émeute *f.*	Aufruhr, Krawall; Meuterei
Éminence	Eminenz *(Anrede hoher geistlicher Würdenträger)*
s'emparer de	sich bemächtigen von, in seine Ge-walt bringen, Besitz ergreifen von
l'**Empire**	das Erste *frz.* Kaiserreich
terre(s) d'~	*dt(e).* Reichsland(e)
emprunt	Anleihe
~ d'État/de guerre	Staats-/Kriegsanleihe
s'endetter	in Schulden geraten, Schulden ma-chen
endiguer	eindämmen *(auch fig.)*
enfants de France	Enfants de France *(Kinder u. Enkel-kinder der frz. Könige)*
engagé	*milit.* im Einsatz (stehend), kämp-fend / Freiwilliger
engin	*milit.* Fahrzeug, Gerät, Flugkörper

66

les **Enragés**	*in der Frz. Revolution Extremisten, die neben politischer auch soziale Gleichheit forderten (1792–93)*
enrayer	*Entwicklung* aufhalten, abwehren
enrôlement	*bes. milit.* Anwerbung, Rekrutierung
ensaisinement	*Besitzeinweisung bei Lehen usw.*
enserrer	einschließen; gefangenhalten
entériner	*jur.* bestätigen, billigen
entre-deux-guerres *m.*	*Zeit zwischen den beiden Weltkriegen*
entrée en guerre	Kriegseintritt
entrisme	*polit.* Unterwanderung
envoi	*auch* Entsendung
envoyer par le fond	versenken
épanouissement	Entfaltung, Höhepunkt, Blüte
errant	wandernd, umherziehend, Wander-
escarmouche *f.*	Scharmützel
esclavagisme	Sklaverei *(als Doktrin)*
essarter	roden
essor *m.*	*bes. wirtsch.* Aufschwung
s'**étaler**	sich erstrecken, sich hinziehen
étape	*milit. auch* Quartier
État	1. Staat; 2. Stand
pour raison d'~	von Staats wegen
~ de droit	Rechtsstaat
~ major	Generalstab
grand ~ major	Großer Generalstab *(1. Weltkrieg)*
~ nation	Nationalstaat
l'~ patron	der Staat als Arbeitgeber
l'~ pontifical *oder* les ~s pontificaux *oder* de l'Église	der Kirchenstaat
~ providence	Wohlfahrtsstaat
~ tampon	Pufferstaat
~ unitaire	Einheitsstaat
les ~s héréditaires	die Erbländer, -staaten
~s particularistes	Partikularstaaten
le Tiers ~	der dritte Stand
pays d'~	*im Ancien Régime Provinzen, die noch Stände hatten*

les États	die Stände
les ~s généraux	*Frkr.* die Generalstände, *Niederlande* die Generalstaaten
les ~s provinciaux	die Provinzial-, Landstände
étouffer	ersticken *(auch fig.)*
évêché *m.*	Bistum
évêque	Bischof
exempter (du service militaire)	(vom Militärdienst) befreien
exode *m.*	Exodus, (Massen)Aus-, Abwanderung
~ rural	Landflucht
l'~ de 1940	*die Massenflucht der frz. Zivilbevölkerung 1940*
expectative	Erwartung, Aussicht, Anwartschaft
expiration	Ablauf, Erlöschen, Verfall *(Frist)*
exploiter	bewirtschaften, (aus-)nutzen *(auch fig.)*; ausbeuten *(auch fig.)*
faîte *m.*	Gipfel *(auch fig.)*, Höhepunkt
famine *f.*	Hunger(snot)
fantassin	Infanterist
fauteur	Anstifter, Aufwiegler, Hetzer
~ de guerre/de troubles	Kriegstreiber/Unruhestifter
félon	eid-, treubrüchig / Verräter *(Lehnswesen)*
féodal	feudal, Lehns-; ständisch/Feudal-, Lehnsherr
grand ~	Großgrundbesitzer
régime ~	Feudalsystem, -wesen, Lehnswesen
féodalisme	Feudalismus, Lehnswesen
féodalité	Feudalherrschaft; Feudalismus
fermage	Pacht(geld)
feudataire	Lehnsmann, -träger
grand ~	Lehnsträger des Königs
fidélité au suzerain	Lehnstreue
serment de fidélité	Treueid
fief *m.*	Lehen(sgut)
donner en ~	zu Lehen geben
~ de corps	*Lehen, an das der Vasall durch den Lehnseid gebunden war*

fief coutumier	Kammerlehen
~ de dignité	*Lehen, mit dem ein Titel verbunden war, z.B. eine Grafschaft, ein Herzogtum*
~ dominant	*Gut des Lehnsherrn*
~ mouvant, servant	*Gut des Lehnsmanns,* Afterlehen
~ de haubert	Ritterlehen
~-office	Amts-, Dienstlehen
~-prairie	*Lehen, mit dem die Pairswürde verbunden war*
~ suzerain	*Lehen, das von niemand oder nur von der Krone abhängig war*
~-terre	Landlehen
franc-~	bürgerliches Lehen
fieffer	zu Lehen geben
fiscal	steuerlich, Steuer-
fiscalité	Steuerwesen
foi et hommage	Lehnseid
fomenter	(an)stiften, *Haß* schüren
foncier	Grund-, Boden-
fossé *m.*	(Schützen)Graben
franc-alleu	Freigut, -hof
franc-maçon	Freimaurer
(ordre des) **Franciscain(s)**	Franzikaner(orden)
frères mineurs	Minoriten
frères moraves	Böhmische *oder* Mährische Brüder
frontalier	Grenz-
gabel(lat)eur	*Eintreiber der* → gabelle
gabelle	Salzsteuer, *dann allgemeine* Verbrauchssteuer
garde des foires	Meßgericht
garde des Sceaux	Siegelbewahrer; *heute frz.* Justizminister
généralité	*auch* Steuerbezirk
geôle *f.*	Kerker
gestion	Amts-, Geschäftsführung, Verwaltung
~ autonome, directe	Selbstverwaltung
~ mauvaise	Mißwirtschaft

glèbe *f.*	Scholle
attaché à la ~	an die Scholle gebunden, leibeigen/ Schollengebundener, Leibeigener
grâce	Gnade, Begnadigung
recours en ~	Gnadengesuch
par la ~ de Dieu	von Gottes Gnaden
gracier	begnadigen
Grandeur	Hoheit *(Anrede für hohe, zuletzt nur noch für geistl. Würdenträger)*
grève *f.* (perlée) / du zèle	(Bummel-)Streik / Dienst nach Vorschrift
mettre sur pied de **guerre**	mobilmachen
proscription de la **guerre**	Kriegsächtung
guerre de mouvement/des tranchées	Bewegungs-/Graben-, Stellungskrieg
portefeuille de la **Guerre**	Kriegsministerium
harnais, harnois	Harnisch, Panzer
Haute Cour	Staatsgerichtshof
hérésie	Häresie, Ketzerei, Irrlehre
hérétique	häretisch, ketzerisch / Häretiker, Ketzer
hétérodoxe	ketzerisch
hobereau	Junker
hommage	(Vasallen-)Huldigung, Lehnseid
(s')**humilier**	(sich) demütigen, erniedrigen
illuminés *Pl.*	Illuminaten(orden)
illustr(issim)e	erlaucht(est)
immédiat (d'Empire)	reichsunmittelbar
s'**immiscer** [-se] dans	sich einmischen in
imposer	*auch* besteuern, mit einer Steuer belegen
impôt	Steuer, Abgabe
impuissant	machtlos; vergeblich; impotent
indulgence	Ablaß
~ partielle / plénière	unvollkommener / vollkommener Ablaß
inféoder	belehnen / zu Lehen geben
s'**inscrire** à, dans	zählen, gehören zu

instaurer	(be)gründen, errichten; *Reform u. dgl.* einführen
insurgé	aufständisch / Aufständischer
s'insurger	sich auflehnen, erheben; aufstehen
insurrection	Aufstand, (bewaffnete) Erhebung
insurrectionnel	aufständisch
(s')intégrer	(sich) einverleiben
intermédiaire	dazwischenliegend, Zwischen-, Mittel-/Mittelsmann, Vermittler, Unterhändler; Zwischenhändler
s'interposer	einschreiten; vermitteln
(grand) invalide	(Schwer-)Beschädigter
investir	*auch* belehnen; *in ein Amt* einsetzen; *milit.* einschließen, umzingeln, stellen
joug [ʒu] *m.*	Joch
rendre la **justice**	Recht sprechen, Gericht halten
justicier	Gerichtsherr *(Lehnswesen)*
krach [krak] *m.*	Börsen-, Bankenkrach
landgraviat	Landgrafschaft
lansquenet	Landsknecht
légiste	Legist *(Rechtsbeistand der frz. Könige)*
lettre de cabinet	Kabinettsorder
lettre de cachet	*königl. Geheimbefehl zur Verhaftung oder Verbannung (Ancien Régime)*
lettre de change	Wechsel
lettre de jussion	*Brief, in dem der König vom Parlament die Registrierung eines Erlasses verlangte, damit er wirksam werden konnte (Ancien Régime)*
lettres *Pl.* d'anoblissement	Adelsbrief, -diplom
lettres *Pl.* patentes	offene Briefe *des Königs, durch die er bestimmten Personen Privilegien erteilte*
lieutenant	Oberleutnant
levée	Auf-, Aus-, Erhebung

71

levée en masse	*milit.* Massenaufgebot; Massenerhebung *(bes. in der Frz. Revolution)*
libre-échange	Freihandel
lieutenant	Oberleutnant; Statthalter
~ général du royaume	Reichsverweser
lige	lehnspflichtig
homme(-)~	Lehnsmann, Vasall
foi, hommage ~	Lehnseid
ligne de résistance	Kampflinie
lignée	Geblüt
ligue	Liga, Bund, Bündnis
limitrophe	angrenzend, benachbart, Grenz-
limoger	kaltstellen
lit de justice	*feierlicher Gerichtstag (den der König vom Thron aus abhielt)*
lods et ventes	Wechselrente *(bei Besitzerwechsel an den Lehnsherrn zu zahlende Steuer)*
loi constitutionnelle *oder* fondamentale	Grundgesetz
hors la **loi**	vogelfrei
projet de **loi**	Gesetzesvorlage
loi martiale	Kriegs-, Standrecht
mainmortable	*dem Recht der → **mainmorte** unterworfen*
mainmorte	*Tote Hand, Leistungen aus dem Nachlaß eines Vasallen an den Lehnsherrn*
droit de ~	*Recht der Toten Hand, d.h. des Lehnsherrn, über den Besitz seines verstorbenen Vasallen zu verfügen*
maire du palais	Hausmeier
majorité électorale	Wahlalter
les **Malgré-nous**	*Elsässer und Lothringer, die im 2. Weltkrieg von der deutschen Wehrmacht zwangsrekrutiert wurden*
chevalier de **Malte**	Malteser(ritter)

manifester	*auch* demonstrieren
manoir *m.*	Herren-, Landsitz
manse *f.*	kleines Landgut
maquis	Maquis, Widerstand *(in Frkr. im 2. Weltkrieg)*
maquisard	Maquisard, Partisan, Widerstandskämpfer *(in Frkr. im 2. Weltkrieg)*
marche	1. Marsch; 2. Grenzgebiet, Mark
maréchal (de France)	*frz.* Feldmarschall
maréchal des logis	Unteroffizier
margraviat	Markgrafschaft
mêlée	Handgemenge, Kampfgetümmel
ordre **mendiant**	Bettelorden
menées *Pl.*	Intrigen, (geheime) Umtriebe
meneur	(An)Führer, Rädelsführer
mercenaire	Söldner / Söldner-
métayage	(Halb-, Teil-)Pacht
migration	Wanderung, Zug
la **Milice** (Française)	*Sonderpolizei des Vichy-Regimes*
missile *m.*	Rakete
modéré	gemäßigt / Gemäßigter
moine	Mönch
monacal	mönchisch, Mönchs-, monastisch
monachisme [-ki- *oder* -ʃi-]	Mönchstum, Klosterwesen
monastique	klösterlich, Kloster-, mönchisch, Mönchs-, monastisch
Monseigneur	*bei (Erz)Bischöfen und Prälaten* Exzellenz, *bei fürstl. Personen* Durchlaucht, *früher auch* Dauphin
la **Montagne**	Bergpartei *(Frz. Revolution)*, danach allgemein radikale Partei
montée	Aufstieg *(auch fig.)*
moral *m.*	Stimmung *(auch in der Truppe)*
frères **moraves**	Böhmische *oder* Mährische Brüder
mouvance	Lehnsverhältnis
être dans la ~ de	in der Gefolgschaft sein von

~ active	Lehen, von dem Afterlehen abhängig sind
~ passive	Afterlehen
le **Mur** d'argent	in Frkr. Bezeichnung für das Großkapital, das 1936 gegen die Volksfront stimmte
musulman	Mohammedaner
(grand) **mutilé**	(Schwer-)Beschädigter
mutinerie	Meuterei
nobiliaire	Adels-
noblesse de cour/d'épée	Hof-/Schwertadel
noblesse d'Empire	Dtld. Reichsadel, Frkr. Adel des Ersten Kaiserreichs
noblesse de lettres/de race	Brief-, Verdienst-/Geburtsadel
noblesse de robe oder d'office	Amtsadel
nouvelle **noblesse**	neuer, junger (nach 1789 verliehener) Adel
objecteur de conscience	Kriegsdienstverweigerer
obtempérer	gehorchen, sich fügen
refuser d'~	die Gefolgschaft verweigern
octroi m.	1. Bewilligung, Gewährung; 2. Torsteuer; städtisches Zollamt
octroyer	bewilligen, gewähren
opinion (publique)	öffentliche Meinung
ordalie	Ordal, Gottesurteil
ordre m.	auch (kirchliche) Weihe; im Ancien Régime Stand
~s **majeurs/mineurs**	höhere/niedere Weihen
entrer dans les ~s	in einen Orden eintreten, Mönch bzw. Nonne werden
société d'~s	Ständegesellschaft
oubliette (s Pl.)	Verlies, Kerker
ourdir	Verschwörung anzetteln, Komplott schmieden
la guerre à **outrance**	der totale Krieg
outre-Atlantique /-Manche /-Rhin	jenseits des Atlantik / (Ärmel)Kanals / Rheins (von Frkr. aus), auf der rechten Rheinseite, dem rechten Rheinufer

d'outre-mer	überseeisch, Übersee-, in Übersee
pacifier	befrieden, Ruhe und Ordnung wiederherstellen
pairie	Pairswürde
paix fourrée	Scheinfrieden
paix publique	Landfrieden
palatin	pfälzisch, Pfalz- / *in Polen* Woiwode, *in Ungarn* Palatin
comte ~	Pfalzgraf, Palatin
pangermaniste	alldeutsch
papauté *f.*	Papsttum; Amtszeit des Papstes
parjure *m.*	Eidbruch, Meineid / eidbrüchig, meineidig
parlement	*in Frkr. bis 1790 auch* oberster Gerichtshof, Hofgericht
partage	(Auf-)Teilung
être **partisan** de qc	für etwas sein, eintreten, ein Anhänger, Verfechter von etwas sein
patrimoine *m.*	Erbe, Erbgut, -teil, Stammgut, Patrimonium
patronat	Arbeitgeber, Unternehmer(schaft)
paulette	*im 17. Jh. in Frkr. von Inhabern erblicher Ämter jährlich zu zahlende Steuer*
paupérisation, paupérisme	(Massen-)Verelendung, Verarmung
paysan détenant un attelage	spannfähiger Bauer
paysannat, paysannerie	Bauernstand
péage *m.*	Wegegeld, -zoll, Maut
pèlerin, -e	Pilger, -in
pèlerinage	Pilgerschaft
pétitionnaire	Bittsteller, Unterzeichner einer Petition
pièce	*auch* Geschütz
mettre une ~ en batterie	ein Geschütz in Stellung bringen
pillage	Plünderung
chevalier **pillard**	Raubritter
piller	(aus-)plündern
plèbe *f.*	Plebs, Pöbel

les **Politiques**	*unter Heinrich III. gemäßigte Prote-stanten und Katholiken, die den Staat über die Konfession stellten*
polysynodie	*Vertretung der Minister durch Räte (Ancien Régime, 1715–1718)*
flotte du **Ponent**	Atlantikflotte
pontifical	päpstlich
populace	Pöbel, Mob
port d'attache	Heimathafen
pot-de-vin	Bestechungs-, Schmiergeld
préliminaires *Pl. m.*	Präliminarien, Vorverhandlungen
(ordre des) **prémontrés**	Prämonstratenser(orden)
prétendre à	Anspruch erheben auf, streben nach
prétention à	Anspruch auf
prieuré *m.*	Priorat
prince	*regierender* Fürst
~ d'Empire	*von Napoleon I. verliehener Titel; im Dt. Reich* Reichsfürst, Prinz
~ imperial	*unter Napoleon III. Titel des Thronfolgers*
~-primat	Fürstprimas
princesse	Fürstin; Prinzessin
principauté *f.*	Fürstentum
prise (sur)	Einnahme, Eroberung; Einfluß (auf), Gewalt (über)
être aux **prises** avec	kämpfen, ringen mit
profane	profan, weltlich / Laie, Nichtgläubiger
professer	kundtun, bekunden; sich bekennen zu
promulguer	veröffentlichen, verkünden
propice	günstig
proroger	aufschieben, vertagen, verlängern
proscrire	verbieten, *hist.* ächten, verbannen
prytanée (militaire) *m.*	Militärakademie
pupille [-pij] *m., f.* de la Marine / de la Nation	*in Frkr.* Kriegswaise, *für die die Marine/der Staat die Fürsorge übernommen hat*
question	*auch* peinliche Befragung, Folter

76

mettre à la ~	hochnotpeinlich befragen
plan **quinquennal**	Fünfjahresplan
(se) **raccommoder**	(sich) wieder aus-, versöhnen
rançon *f.*	Lösegeld
rapine	Raub
rapt [rapt]	Entführung
ravager	verheeren, verwüsten
(se) **ravitailler**	(sich) mit Nachschub, Lebensmitteln, Treibstoff versorgen
recès, recez [-sɛ]	Abschlußprotokoll, (Reichs-)Schluß
recettes *Pl.*	Einkünfte
reconnaissance d'héritage	*Erklärung, mit der der Vasall dem Lehnsherrn die Erbschaft anerkannte, für die er ihm zinspflichtig war*
reconnaître	*auch milit.* auskundschaften
recourir à	sich (um Hilfe) wenden an; greifen, Zuflucht nehmen zu
recours	Zuflucht, Rechtsmittel, Berufung, Beschwerde
~ **constitutionnel**	Verfassungsbeschwerde
reddition	Auf-, Übergabe, Kapitulation
redevance	Abgabe, Gebühr
(se) **redresser**	(sich) wiederbeleben *(auch fig.)*
réforme	1. Reform, 2. *milit.* Ausmusterung, Entlassung
~ agraire/monétaire	Boden- / Währungsreform
la **Réforme**	die Reformation
refouler	zurückdrängen
réfractaire	aufsässig
refus d'obéissance	Befehls-, Gehorsamsverweigerung
régale *f.*	Regal(e), Hoheitsrecht
régence	Regentschaft, *insbes. Philipps von Orléans*
reine mère	Königinmutter
reître [rɛtre]	Reiter, *auch* Haudegen
relever de la juridiction française	französischer Jurisdiktion unterliegen

religieux, -se	Ordensgeistlicher, -e; Mönch, Nonne
religion	*auch* Ordensstand
entrer en **religion**	ins Kloster gehen
remparts *(Pl.)*	(Festungs-, Schutz-)Wall, Stadtmauer
rente sur l'État	Staatsanleihe, -papier
renvoi	*auch* Entlassung; Vertagung
répartir	ver-, auf-, einteilen, gliedern
représentation proportionelle	Verhältniswahlrecht, -system
réprimer	unterdrücken, niederschlagen
réquisitionner	*Sachen* beschlagnahmen, *Personen* dienstverpflichten
résistance	Widerstand(sbewegung)
ligne principale de ~	Hauptkampflinie
la **Résistance**	die Résistance *(frz. Widerstandsbewegung 1940–44)*
résistant	Widerstandskämpfer, Résistance-Kämpfer
ressort de compétence	Machtbereich
ressortir	in die Zuständigkeit gehören, fallen, der Zuständigkeit unterliegen
ressortissant de	Staatsangehöriger von
res(s)urgir	wiederauftauchen, -treten
retrait	Zurücknahme, -ziehung; Austritt; *milit.* Abzug
~ de la nationalité	Aberkennung der Staatsbürgerschaft
se **retrancher**	sich eingraben
revanchard	revanchistisch / Revanchist
revendiquer	fordern, beanspruchen; die Verantwortung übernehmen für
revenir à qn	jdm zukommen, -stehen, gebühren
revenu	Einnahme, *Pl.* Einkünfte
réversion	*auch* Heimfall
revirement	*auch* Umschwung, Schwenk(ung)
révolter	aufwiegeln
se ~	revoltieren
revue militaire	(Militär)Parade

roture	nichtadliger Grundbesitz; Nichtadligkeit; Nichtadlige, Bürgerstand
roturier	nichtadlig, bürgerlich / Nichtadliger, Bürgerlicher
rural	ländlich, Land-, landwirtschaftlich / Landbewohner, *Pl.* Landbevölkerung
communauté ~e d'**habitants**	Landgemeinde *(ohne Stadtprivileg)*
se **saborder**	sich selbstversenken
mettre à **sac; saccager**	plündern
sacre *m.*	Salbung, Weihe, *auch* Krönung
sacrer	salben, weihen, *auch* krönen
S.A.I. = Son Altesse Impériale	S.M. = Seine/Ihre (kaiserliche) Majestät
ordre, chevaliers de **Saint-Jean**	Johanniter(orden)
sainteté	Heiligkeit
saisine	Übergang des Besitzes auf die Erben, Besitzrecht der Erben
salarié	unselbständig, Arbeitnehmer-/Arbeitnehmer
S.A.R. = Son Altesse Royale	S.M. = Seine/Ihre (königliche) Majestät
sauf-conduit	Geleitbrief
scission [si-]	Spaltung
scrutin	Abstimmung, Wahl *mit Stimmzetteln*
~ de ballottage	Stichwahl
dépouiller le ~	die Stimmen (aus-)zählen
~ majoritaire / proportionnel	Mehrheits- / Verhältniswahl
tour de ~	Wahlgang
~ unique / à deux tours	Abstimmung in einem Wahlgang / in zwei Wahlgängen
par voie de ~	durch Abstimmung, durch Wahl
séance	Sitzung
le **second** Empire	das Zweite Kaiserreich *(Napoleon III.)*
seigneur	(Lehns-, Grund-)Herr
seigneurial	lehns-, grundherrlich

seigneurie	(Lehns-, Grund-)Herrschaft *(auch als Gebiet)*
altesse **sérénissime**	Durchlaucht
serf [sɛrf]	leibeigen / Leibeigener
sergent	(Stabs)Unteroffizier
prestation de **serment**	Eidesleistung; Vereidigung
prêter **serment**	einen Eid leisten
serment de fidélité	Treueid
servage	Leibeigenschaft
sévir	streng vorgehen, durchgreifen; wüten, herrschen *(Krieg, Krise)*
siège *m.*	1. Sitz; 2. Belagerung
le ~ apostolique	der Apostolische *oder* Päpstliche Stuhl
mettre le ~ devant Paris	Paris belagern
lever le ~	die Belagerung aufheben
siéger	1. tagen, eine Sitzung abhalten; 2. seinen Sitz haben
signataire	Unterzeichner(staat)
sinistré, -e	*(von Krieg u. dgl.)* heimgesucht / (Kriegs- *u. dgl.*)Opfer
sionisme	Zionismus
soldat de carrière *oder* de métier	Berufssoldat
(conférence au) **sommet**	Gipfel(konferenz)
sorcière	Hexe
chasse aux ~s	Hexenjagd
soudoyer	dingen, kaufen
sous-marin	unterseeisch, Unterwasser- / U(ntersee)boot
stratagème	Kriegslist
subjuguer	unterjochen, beherrschen
suborner	*Zeugen* beeinflussen, bestechen
successible	erbberechtigt, -fähig
succession	*auch* Erbfolge; Nachlaß, Erb-, Hinterlassenschaft
~ dévolue à l'État	dem Staat verfallene Erbschaft
droit à la ~	Erbanspruch
droits de ~	Erbschaftssteuer
successoral	Erb(folge)-

suffrage	Wahl, Stimmabgabe, Stimme
exprimer son ~	seine Stimme abgeben
~ censitaire	Klassenwahlrecht
~ restreint / universel	eingeschränktes / allgemeines Wahlrecht
supplice *m.*	Hinrichtung; Folter
sûreté (nationale)	*frz.* Sicherheitspolizei
suspect	verdächtig/Verdächtiger
suspendre	unterbrechen, aussetzen; suspendieren
suspensif	aufschiebend
véto ~	aufschiebendes Veto
suzerain	lehnsherrlich, Lehns- / Lehnsherr
suzeraineté	Lehnsherrlichkeit
svastika *m.*	Hakenkreuz
syndical	gewerkschaftlich, Gewerkschafts-
chambre ~e	Arbeitgeberverband; *im 19. Jh. auch* Gewerkschaft
syndicalisme	Gewerkschaftsbewegung, -wesen
syndicat	Gewerkschaft; Verband
~ patronal	Arbeitgeberverband
taille *f.*	Steuer der Leibeigenen, der Nichtadligen
bourgeoisie de **talent**	Bildungsbürgertum
témoigner (de)	als Zeuge aussagen, (be)zeugen
templier, chevalier du **Temple**	Templer, Tempelherr, -ritter
tenure	*Art des Lehnsverhältnisses; das Lehen selber*
petite ~ , ~ servile	nichtadliges Lehen
~ de chevalier	*adliges Lehen, das die Verpflichtung zur Heerfahrt einschloß*
~ féodale noble	adliges Leben
~ roturière, de roture	*Lehen, das die Verpflichtung zu einem bestimmten Dienst einschloß*
terme *m.*	Ende, Termin, Frist, Zeit(punkt)
à ~	Termin-, Zeit-
à court/long ~	kurz-/langfristig
terrasser	niederschlagen, -werfen, vernichtend schlagen

81

se **terrer**	*milit.* sich eingraben
terrien	grundbesitzend, Grundbesitzer-, Land-
aristocratie **~ne**	Landadel
(papier) **terrier**	*Verzeichnis der Vasallen eines Lehnsherrn und ihrer Verpflichtungen*
territorial	territorial, Gebiets-/Landwehr-, Landsturmmann
eaux **~es**, mer **~e**	Hoheitsgewässer
chevalier (de l'ordre) **teutonique**	Deutschordensritter
tract [trakt]	Flugblatt, -schrift
tramer	anzetteln, anstiften, schmieden
tranchée	(Schützen)Graben
transborder	*Waren* umladen, -schlagen, *auch Personen* umschiffen
travaux forcés	Zwangsarbeit
trêve *f.*	Waffenruhe, Burgfriede
~ de Dieu	Gottesfriede(n), Treuga Dei
~ politique	Burgfrieden
tribunal de droit commun	ordentliches Gericht
troubles *Pl. m.*	Landfriedensbruch
tutelle	Vormundschaft, Treuhandschaft, *fig.* Bevormundung
mettre en **valeur**	*Gebiet* erschließen, *Boden* bewirtschaften
valeurs *Pl.*	Wert(papier)e, Mittel, Vermögen
vassalité	Vasallentum
(Sainte-)**Vehme** [vɛm]	Fe(h)me(gericht)
cour **vehmique** [ve-]	Fe(h)megericht
vénal	käuflich, bestechlich
vénalité des charges	Ämterkauf
vicaire	Statthalter, Verweser
~ de Jésus-Christ	Stellvertreter Jesu Christi
vilain, -e	(Frei-)Bauer
villageois	dörflich, Dorf-/Dorfbewohner
vingtième *m.*	Zwanzigster *(Steuer auf Einkommen aus Grundbesitz)*
du **vivant** de	zu Lebzeiten von

voix au collège	Virilstimme
vote *m.*	Wahl, Abstimmung; Wahl-, Stimmrecht; (Wahl-)Stimme; Verabschiedung, Annahme, Bewilligung
~ par bulletins	Abstimmung mit Stimmzetteln
~ de confiance / de défiance *oder* de censure	Ver- / Mißtrauensvotum
~ par correspondance	Briefwahl
voter	wählen, abstimmen, seine Stimme abgeben/verabschieden, annehmen, bewilligen
votif	Weih-, Votiv-, Dank-

1.5.2 Deutsch-Französisch

abdanken	*Monarch* abdiquer, *Beamter* démissionner
zum **Abdanken** zwingen	obliger à abdiquer, à démissionner
Abendmahl	cène *f.*
jdm etwas **aberkennen**	priver qn de qc, déclarer qn déchu de qc
Aberkennung	privation, déchéance
Abfall	abandon, défection
abfallen (von)	abandonner, faire défection (à)
Abgabe(n)	impôt(s), taxe(s); redevance(s)
Abgang *von einem Amt*	départ, démission
Abkehr	abandon, délaissement, éloignement
sich **abkehren** (von)	se détourner (de), s'éloigner (de); abandonner, délaisser
Abkommen	accord, convention, pacte
Ablaß	indulgence
unvollkommener/vollkommener ~	indulgence partielle/plénière
~brief	lettre d'indulgence
Ablauf *einer Frist*	expiration
nach ~ von	à l'expiration de, au bout de
ablaufen	*Frist* expirer, *Visum u. dgl.* se périmer
Ablenkungsmanöver	manœuvre *f.* de diversion

abordnen	déléguer, envoyer; *zuweisen* détacher (à *oder* pour)
abrüsten	désarmer
Abrüstung	désarmement
abschaffen	abolir, supprimer; *Gesetze* abroger
abschieben	*Verantwortung* rejeter (sur), *Person* se débarrasser de
über die Grenze / ins Ausland ~	renvoyer, refouler, repousser au-delà de la frontière/à l'étranger
Abschlußprotokoll	recès, *auch* recez [-sɛ]
Abschreckungs(streit)macht	force de frappe, de dissuasion
abschwören	abjurer
absetzen	destituer, déposer; *nur Beamten* révoquer, relever de ses fonctions, de son poste, de sa charge
Absetzung	destitution, déposition; *nur von Beamten auch* révocation
die ~ verlangen	réclamer la destitution
jdm etwas **absprechen**	contester, dénier qc à qn
abstammen von	descendre de
Abstammung	descendance, extraction
von hoher/niederer ~	de haute/basse extraction
abstimmen (über jdn/etwas)	voter (qn/qc)
Abstimmung	vote *m.*, scrutin
durch *oder* per ~	par voie de scrutin
~santrag	demande de scrutin
Abt, Äbtissin	abbé, abbesse
Abtei	abbaye [abe(j)i] *f.*
Abteibistum	abbaye-évêché *f.*
abtreten	céder, se désister de
Abtretung	cession, désistement
Abtritt *(von einem Amt)*	départ, démission
abtrünnig sein	*relig.* être un apostat, *auch polit.* un renégat
abtrünnig werden	renier
abwandern	émigrer, quitter pour, fuir
Abwehr	défense; contre-espionnage
abwehren	repousser, *Angriff auch* enrayer; *Gefahr u. dgl.* détourner, écarter

84

abwenden	détourner, conjurer, prévenir
abziehen	*Truppen u. dgl.* retirer / se retirer, *Wache* descendre
Abzug	*Truppen u. dgl.* départ, *Wache* descente
freien ~ **gewähren**	accorder (de se retirer avec) les honneurs de la guerre
(Reichs-)**Acht**	ban (de l'Empire)
in ~ und Bann tun	mettre au ban (de l'Empire)
niederer/hoher **Adel**	petite/haute noblesse
adeln	anoblir
Adels-	nobiliaire
~**brief**	lettres *Pl.* d'anoblissement, de noblesse
~**herrschaft**	aristocratie [-si]
Adelung	anoblissement
Admiralität	amirauté *f.*
ächten	mettre au ban
Ämterkauf	vénalité des charges
ändern *(Gesetz)*	amender
Änderungsantrag	(proposition d')amendement
Ära	ère *f.*
jenseits des **Ärmelkanals**	outre-Manche
Afterlehen	arrière-fief *m., Pl.* arrière-fiefs
Afterpacht	arrière-censive *f., Pl.* arrière-censives
Aftervasall	arrière-vassal, *Pl.* arrière-vassaux
agrarisch, Agrar-	agricole, *auf den Grundbesitz bezogen* agraire, *auf die Klasse der Grundbesitzer bezogen* agrarien
albigensisch/Albigenser	albigeois
alldeutsch	pangermaniste
Alldeutscher Verband	Ligue pangermaniste
Allmende	(biens) communaux
~**recht**	droit de pâture sur les (biens) communaux
Allod	al(l)eu
Allodialgüter	biens allodiaux
Almosen	aumône *f.*

Altar	autel
amnestieren	amnistier
Amtsadel	noblesse de robe
Amtsanmaßung	usurpation de fonctions
Amtsantritt/-dauer	entrée en/durée des fonctions
Amtseid	serment de fidélité, d'entrée en fonction
Amtseinführung/-enthebung	investiture/destitution
Amtsführung	gestion (des fonctions, de la charge)
Amtslehen	fief-office *m.*
Amtsmißbrauch	abus, excès de pouvoir
Amtsübergabe	passation des pouvoirs
Amtsvergehen	délit commis dans l'exercice de ses fonctions
sich **aneignen**	s'approprier (illégalement), usurper
anfechten	attaquer (en justice), contester (la validité de)
anfeinden	montrer, manifester de l'hostilité envers; être hostile à
Anführer	*polit. auch* meneur
angliedern (an)	*Gebiet* rattacher (à), intégrer (à), annexer, *Personen* affilier (à)
angrenzen an	toucher à, avoisiner
~**d**	avoisinant, voisin, limitrophe
dem Gegner keine **Angriffsfläche** bieten	ne donner aucune prise à son adversaire
Angriffshandlung	acte d'agression
Angriffsziel	objectif d'attaque
Anhänger	adhérent, partisan
Anleihe	emprunt
sich **anmaßen** *(ein Recht u. dgl.)*	s'arroger, usurper
anprangern	dénoncer
Anrecht	→ **Recht**
Anschlag	attentat; → **Attentat**
Anspruch erheben auf	prétendre à, revendiquer
anstiften	causer, provoquer, *Verschwörung u. dgl.* fomenter, tramer, ourdir, machiner
jdn ~ zu	exciter, inciter qn à

Anstifter	auteur, provocateur, incitateur, *einer Verschwörung u. dgl.* instigateur
(Offiziers- u. dgl.)**Anwärter**	aspirant
Anwartschaft	expectative
die **arbeitenden** Klassen	les classes laborieuses
die **Arbeiterklasse**	la classe ouvrière
Arbeitgeber(schaft)	patronat, patrons *Pl.*
Arbeitnehmer	salarié
Arbeitslosenversicherung	assurance (contre le) chômage
jenseits des **Atlantik**	outre-Atlantique
Attentäter	auteur d'un *bzw.* de l'attentat
ein **Attentat** planen auf, gegen	projeter un attentat contre
ein **Attentat** verüben auf, gegen	attenter aux jours, à la vie de, commettre un attentat contre
einem **Attentat** zum Opfer fallen	être victime d'un attentat
auferlegen	imposer; dicter
aufgeben	renoncer à, abandonner, délaisser, céder, résigner; se rendre
aufgeklärt	éclairé
~er **Absolutismus**	despotisme éclairé
aufheben	*abschaffen* supprimer, abolir, *für ungültig erklären* révoquer, annuler, *Strafe, Urteil auch* lever, *Gesetz* abroger
aufhetzen (gegen/zu)	monter (la tête à), exciter contre/inciter, pousser, provoquer à
Aufklärung	*Frkr.* âge, philosophie, siècle des lumières, *auf Dtld. bezogen auch* Aufklärung
sich **auflehnen**	se révolter, se rebeller, se soulever, s'insurger
auflösen	*Demonstration u. dgl.* disloquer, *Truppen* disperser, *Parlament, Versammlung* dissoudre, *Vertrag* résoudre, annuler
sich ~	*Demonstration u. dgl.* se disperser, *Parlament, Versammlung* se dissoudre, *Truppen auch* se rompre

den Kampf **aufnehmen**	accepter, engager le combat
Aufrüstung	armement
Aufruhr	émeute *f.*, révolte, insurrection, rébellion, troubles *Pl. m.*
Aufschwung	essor *m.*
aufständisch/Aufständischer	insurgé, révolté
Aufstand	soulèvement, révolte, insurrection
ein ~ bricht los	un soulèvement *usw.* éclate
einen ~ blutig niederschlagen	noyer un soulèvement *usw.* dans le sang
einen ~ machen	→ sich **auflehnen**
bewaffneter ~	révolte armée
versuchter ~	tentative de révolte
Aufstandsbewegung	mouvement insurrectionnel
Aufstieg	montée, essor
(etwas unter sich) **aufteilen**	(se) partager (qc), *nach Anteilen* répartir
Auftrag	ordre, mission
aufwiegeln	soulever; pousser, inciter à la révolte, à la rébellion, à l'émeute, à la mutinerie; faire se révolter
ausbeuten	exploiter *(auch fig.)*
ausbürgern	expatrier
Auseinandersetzung	*Meinungsaustausch* discussion, *Streit* dispute *f.*, démêlé *m.*, altercation, *tätlich* bagarre *f.*
bewaffnete ~	conflit armé
Ausgangssperre	couvre-feu *m.*
Ausgleich	compensation; arrangement, accord, accommodement, compromis
ausheben *(Soldaten)*	lever, recruter
Aushebung	levée, recrutement, conscription
ausliefern *(Person)*	livrer; extrader
auslösen	déclencher, provoquer; *Gefangene* racheter
Ausnahmegesetz / -regelung	loi / mesure d'exception
den **Ausnahmezustand** verhängen	proclamer, déclarer l'état d'exception, d'urgence

88

ausplündern, -rauben	*Land* piller, saccager, *Stadt auch* mettre à sac
ausrotten	exterminer
(jdn) **ausrufen** (zu etwas)	proclamer (qn qc)
jdn zum Kaiser ~	proclamer qn empereur
die Republik wird **ausgerufen**	la république est proclamée
Außerkraftsetzung	abrogation, annulation, invalidation
aussetzen	*unterbrechen* interrompre, *aufschieben* suspendre, remettre
(sich) **aussöhnen**	(se) réconcilier, (se) raccommoder
aussterben	s'éteindre, disparaître
autark	autarcique, se suffisant à soi-même
Bankenkrach	krach [krak] *m.* (bancaire)
Bannbulle	bulle d'excommunication
Banner	bannière
Bann(fluch)	ban, *kirchl.* anathème
mit dem ~ belegen	frapper d'anathème, anathématiser
Banngerechtigkeit, -same	banalité
Bannkreis	juridiction
Bannmeile	banlieue *f.*
Barfüßer	carme (déchaux, déchaussé)
Bauernbefreiung	affranchissement, émancipation des paysans
Bauernstand	paysannerie, classe paysanne
beanspruchen	réclamer, prétendre à, revendiquer
Beauftragter	chargé d'affaires, de mission; mandataire, délégué
zur **Bedingung** machen	poser comme condition
Bedingungen stellen/erfüllen	poser/remplir des conditions
beeid(ig)en	affirmer sous (la foi du) serment
jdn **beerben**	hériter de qn
Befehlsverweigerung	refus d'obéissance
Befestigung *(milit.)*	fortification
beflaggen	pavoiser
befrieden	pacifier
begnadigen	gracier
Begnadigung	grâce
~**sgesuch**	recours en grâce
begünstigen	favoriser, avantager, privilégier

behaupten *(auch Macht, Unabhängigkeit)*	affirmer
sich ~	tenir bon, ferme; se maintenir, s'imposer
sich zum Christentum **bekennen**	professer le christianisme
Bekenntnis	aveu, *relig.* confession
beklagen *(auch Tote, Verletzte)*	déplorer
Belagerer	assiégeant
belagern	assiéger, mettre le siège devant
über eine Stadt den **Belagerungszustand** verhängen	décréter l'état de siège d'une ville
belehnen mit	inféoder, ensaisiner; donner en fief à, *Amt, Würde* investir de
Belehnung	inféodation, ensaisinement; investiture
sich **bemächtigen**	s'emparer, se saisir de; usurper
der **Benediktiner(orden)**	les Bénédictins, l'ordre de Saint-Benoît
berauben *(auch fig.)*	priver de
jdn zu etwas **berufen**	appeler, nommer qn au poste *oder* aux fonctions de; nommer qn qc
Berufsheer/-soldat	armée/soldat de métier
Besatzungsmacht	puissance occupante, d'occupation; force d'occupation; occupant
Besatzungszone	zone d'occupation
in der britischen ~	en zone britannique
beschlagnahmen	saisir, confisquer, *milit.* réquisitionner
beschließen *(Gesetz u. dgl.)*	adopter
Beschwichtigung	apaisement
beseitigen	*Freiheiten, Gesetze* supprimer, *Person* écarter
Besitz ergreifen von	prendre possession de
im **Besitz** sein von	être en possession de
in seinen **Besitz** zu bringen versuchen	essayer d'entrer en possession de
in den **Besitz** übergehen von	devenir possession de
besolden *(Truppen)*	solder
Besoldung *(Truppen)*	solde *f.*

90

bestechen	corrompre, soudoyer, acheter, *Zeugen auch* suborner
bestechlich	vénal, corruptible, achetable
Bestechungsgeld	pot-de-vin
besteuern	imposer; frapper d'un impôt
Besteuerung	imposition
bestreiten	contester
Bettelorden	ordre mendiant
Beute	prise, proie *f.*
jdn bevollmächtigen	donner mandat, pouvoir, procuration à; revêtir de pouvoirs
bevollmächtigt (zu)	mandaté (pour), plénipotentiaire
Bevollmächtigter	mandataire, plénipotentiaire, délégué spécial
Bewegungskrieg	guerre de mouvement
Bewilligung	octroi *m*, consentement
bewirtschaften	*Hof* exploiter, *Feld* cultiver, mettre en valeur, *Devisen* réglementer
bezeugen	témoigner de; attester, certifier; faire foi de
Bezirk	district [-strikt], région, *Verwaltung auch* circonscription; quartier, *Paris* arrondissement
Bildungsbürgertum	bourgeoisie de talent
Bischof	évêque
~ssitz	siège épiscopal, évêché *m.*
Bistum	évêché *m.*
Bittsteller	pétitionnaire
Blitzkrieg	guerre-éclair
einen Block bilden	faire bloc, former un bloc
Blockade	blocus [-kys] *m.*
die ~ verhängen/aufheben	décréter/lever le blocus
die ~ brechen	forcer, desserrer le blocus
ein Blutbad anrichten	faire un carnage, un massacre
Blutbann	*juridiction jugeant sur la vie et la mort*
Boden-	foncier
Börsenkrach	krach [krak] *m.*
Bombenanschlag, -attentat (auf)	attentat à la bombe (contre)

91

eine **Bresche** schlagen	ouvrir *oder* faire une brèche
Briefadel	noblesse de lettres
Bruch	*innerhalb einer Gruppe* scission [s-], schisme [ʃi-], *diplomat.* rupture
Bruderschaft	*relig.* communauté, confrérie, congrégation
ein **Bündnis** schließen	conclure une alliance
Bündnispolitik	politique d'alliance
Bürge	garant
bürgen (für jdn/etwas)	garantir (pour qn/qc), se porter garant (pour qn/de qc), répondre (de qn/qc)
Bürger	*eines Staates* citoyen, *des Bürgerstands* bourgeois
bürgerlich	civil, civique; *dem Bürgerstand angehörend* bourgeois; *konservativ* conservateur, de droite
~es Recht	droit civil
Aberkennung der **~en** Ehrenrechte	dégradation civique, privation des droits civiques
Bürgerliches Gesetzbuch	Code civil
Bürgerrecht	*in einer Stadt* droit de cité
~e	droits civiques, de citoyen
~sbewegung	mouvement pour les droits civiques
Bürgerschaft	citoyens *Pl.*, bourgeois *Pl.*
Bürgertum	bourgeoisie
Bürgerwehr	milice; garde civile, nationale
Bürgschaft	caution, garantie
~serklärung	cautionnement
Bundeskanzler	chancelier fédéral, de la République fédérale, *in Österreich* de la Fédération
Bundespräsident	président de la République fédérale, *in Österreich* de la Fédération, *in der Schweiz* de la Confédération
(Deutscher) **Bundesrat**	Conseil fédéral, Bundesrat
Bundesstaat	État fédéral, *einzelner* État (fédéré, fédératif, confédéré)

(Deutscher) **Bundestag**	Parlement fédéral, Assemblée fédérale, Bundestag
Burg	château fort, *dte. auch* burg
~**friede(n)**	trève politique
~**graf**	burgrave
~**vogt**	bailli
~**wall**	remparts *Pl.*
Christlich-Demokratische Union (CDU)	Union chrétienne-démocrate
Christlich-Soziale Union (CSU)	Union chrétienne-sociale
Cluniazenser(orden)	ordre de Cluny
dazwischentreten	intervenir, *vermittelnd* s'interposer
demokratisch	*Personen* démocrate, *Sachen* démocratique
Demonstration	manifestation
demonstrieren	manifester
Deutschordensritter	chevalier (de l'ordre) teutonique
Dienstlehen	fief-office *m.*
Diktat	*von Versailles u. dgl.* diktat [-tat] *m.*
dingen	engager, *Zeugen* aposter, *Mörder* soudoyer
diplomatisch	*Verhalten* diplomate, *Beziehungen usw.* diplomatique
dörflich	villageois
Domherr	chanoine
Dominikaner *(Orden/Land)*	dominicain
Drahtzieher	meneur, instigateur
der ~ sein	tirer les ficelles
Dreiviertelmehrheit	majorité des trois quarts
Drill	dressage, entraînement
drillen	dresser, entraîner
der **dritte** Stand	le Tiers État
durchgreifen	prendre des mesures énergiques, user d'autorité, sévir
durchkreuzen	contrarier, contrecarrer, se mettre en travers de
Durchlaucht	altesse sérénissime
durchsetzen	faire prévaloir, adopter, accepter, (réussir à) imposer

etwas mit Gewalt **durchsetzen**	l'emporter de haute lutte
~, daß	obtenir (que)
sich ~	arriver à ses fins, s'imposer
Edelmann	gentilhomme
einen **Eid** (auf die Verfassung) leisten	prêter serment (d'obéissance) (à la constitution)
jdm von seinem **Eid** entbinden	relever, délier qn de son serment; rendre son serment à qn
unter **Eid**	sous (la foi du) serment
Eidbruch	violation de serment; parjure
eidbrüchig	parjure
Eidesleistung	prestation de serment
einberufen	*Versammlung* convoquer, *zum Militär* appeler sous les drapeaux
eindämmen *(auch fig.)*	endiguer
einfallen (in)	faire irruption, (dans); envahir (qc)
sich **eingraben** *(milit.)*	se retrancher, se terrer
eingreifen (in)	intervenir, s'interposer (dans)
in jds Rechte ~	empiéter sur, usurper les droits de qn
Einheitsstaat	État unitaire
Einigungsbestrebungen, -bewegung	mouvement unitaire, d'unification
Einigungsversuch / -vorschlag	tentative / proposition de conciliation
einkerkern	incarcérer, mettre au cachot
in **Einklang** bringen	harmoniser, concilier
im **Einklang** stehen mit	concorder, être en harmonie avec
Einkünfte	recettes *Pl. f.*, revenus *Pl. m.*
sich **einmischen** (in)	se mêler (de), s'immiscer [-se] (dans)
Einnahme	*milit.* prise, *Geld* recette *f.*, revenu *m.*
einnehmen	*milit.* prendre, s'emparer de, *Geld* encaisser, toucher
Einparteienherrschaft	domination d'un parti (unique)
einquartieren	installer, loger, *milit. auch* cantonner
sich ~	s'installer, se loger

94

Einquartierung	logement, cantonnement
einschließen *(milit.)*	cerner, encercler, investir
einschreiten	intervenir; prendre des mesures
einsetzen	*milit.* mettre en ligne; engager, *in ein Amt* instituer, investir, installer
einsperren	mettre en prison, emprisonner, incarcérer, écrouer
die Feindseligkeiten **einstellen**	suspendre, cesser, arrêter les hostilités
das Feuer einstellen	cesser le tir
einstimmig *(Adj./Adv.)*	unanime/à l'unanimité, d'un commun accord
(sich) **einverleiben**	annexer, (s')incorporer, (s')intégrer
Einvernehmen	→ **Einverständnis**
Einverständnis	accord, entente, bonne intelligence
sein ~ geben zu	donner son accord à; consentir à; approuver
in ~ mit	d'accord, de concert avec
in gegenseitigem/in vollem ~	d'un commun/en plein accord
mit dem ~ von	avec le consentement de
~ erklärung	approbation; déclaration d'accord
Einwilligung	→ **Einverständnis**
einziehen *(milit.)*	appeler (sous les drapeaux), mobiliser
englandfeindlich/-freundlich	anglophobe/-phile
entbinden	délier, relever, dégager
enteignen	exproprier, déposséder (de)
entführen	enlever, ravir, kidnapper
Entführung	enlèvement, rapt [rapt], kidnapping, ravissement
enthaupten	décapiter, décoller, guillotiner
entlassen	*Arbeitnehmer* congédier, renvoyer, *Beamten auch* révoquer, relever de ses fonctions; *Politiker* destituer, *Offiziere* mettre à la retraite, destituer *Truppen* licencier, démobiliser, *Gefangene* libérer
~ werden	recevoir son congé *usw.*

entmachten	priver de son pouvoir, destituer
entmilitarisieren	démilitariser
entrechten	déposséder, priver de ses droits
entschädigen (für)	dédommager (de)
entsenden	envoyer, *mit bes. Auftrag* mandater
Entspannungspolitik	politique de détente
Entvölkerung	dépopulation, dépeuplement
Entwicklungsland	pays en voie de développement
entziehen	retirer; déposséder, priver de
die Staatsangehörigkeit ~	priver de sa nationalité
sich der Verantwortung ~	se soustraire, se dérober à la responsabilité
Erbadel	noblesse héréditaire
Erbanspruch	prétention, droit à un héritage; droit héréditaire
Erbansprüche erheben	émettre des prétentions à l'héritage
Erb(an)teil	part, portion d'héritage; émolument
erbberechtigt	successible
~ sein	avoir droit à la succession
Erbe *m./n.*	héritier, successeur / héritage, patrimoine *m.*, succession
jdn zum ~n einsetzen	instituer qn héritier, faire de qn son héritier
alleiniger ~	unique héritier, héritier unique
ein ~ antreten	recueillir un héritage, une succession
als, zum ~ erhalten	recevoir en héritage
erbeigen	acquis par héritage
(etwas von jdm/etwas) **erben**	hériter (qc de qn/de qc)
Erbfeind	ennemi héréditaire
Erbfeindschaft	inimitié, haine héréditaire
Erbfolge	succession (héréditaire), ordre successoral, de succession
erblich	héréditaire, transmissible par succession
Erbpacht	bail emphytéotique, d'héritage; emphytéose
Erbschaft	→ **Erbe** *n.*
~ssteuer	droits *Pl.* de succession

Erbschaftsstreit	litige successoral
sich **ergeben**	se rendre; rendre les armes; se constituer prisonnier; capituler
erheben	*Gebühr, Abgabe* lever, *Steuer* percevoir
sich ~	se soulever, s'insurger
Erhebung	soulèvement, insurrection
erkämpfen	obtenir, acquérir en luttant, de haute lutte; lutter pour avoir
die Unabhängigkeit **erlangen**	accéder à l'indépendance
Erlaß	*Bestimmung* arrêté, décret, *einer Strafe* remise, *von Gebühren* dispense, exemption, détaxe
per ~	par décret
erlassen	*jdm Schuld, Strafe* remettre à qn; *Gebühren* exonérer qn de, *Verordnung* édicter, ordonner, décréter, arrêter, *Gesetz* promulguer
erlaucht(est)	illustr(issim)e
erlöschen *(Frist, Anspruch)*	expirer, s'éteindre
(jdn zu etwas) **ernennen**	nommer (qn qc), désigner (qn pour)
zum Präsidenten der Republik **ernannt** werden	être élu président de la République
sich zum Staatschef **ernennen**	se proclamer chef de l'État
(sich) **erniedrigen**	(s')humilier, s'abaisser, se dégrader, s'avilir
erreichen, daß	obtenir que
erringen	remporter
erschießen	tuer d'un coup de feu, *Hinrichtung* fusiller; passer par les armes
Erschießung	exécution militaire
~**skommando**	peloton d'exécution
erschließen	*Gelände* ouvrir à l'exploitation, mettre en valeur, développer; *Markt* créer un débouché, ouvrir un marché
Erzbischof	archevêque
ins **Exil** gehen	s'exiler
ins **Exil** schicken	exiler, bannir; envoyer en exil

aus dem **Exil** zurückkehren	rentrer d'exil
Exilregierung	gouvernement en exil, exilé
Exodus	exode *m.*
Fahne	drapeau, *Flagge* pavillon, *Banner* bannière
Fall	*Sturz* chute *f.*, *einer Festung* prise
~beil	guillotine, couperet
fallen	*stürzen* tomber, *Festung* être pris, *im Krieg* mourir à la guerre
in Ungnade **~**	tomber en disgrâce, être disgracié
Fehde	diffidation
Fe(h)me	(Sainte-)Vehme [vɛm]
~gericht	cour vehmique [ve-]
feindlich	ennemi, hostile
Feindschaft	inimitié
Feindseligkeit	hostilité
die **~en** dauern an	les hostilités se poursuivent
die **~en** einstellen/eröffnen	cesser, suspendre/ouvrir les hostilités
im **Feld** stehen	être en, faire campagne
ins **Feld** ziehen	entrer en campagne
Feldherr	(grand) capitaine, général, commandant en chef
Feldmarschall	*in Dtld.* feld-maréchal, *in Frkr.* maréchal (de France)
feldmarschmäßig	en tenue de campagne
Feldwebel	sergent-chef, maréchal des logis-chef; feldwebel
festnehmen	→ **verhaften**
Festung	forteresse, *befestigter Ort* place forte
~shaft	arrêts *Pl.* de forteresse
~smauer, -wall	remparts *Pl.*
feudal, Feudal-	féodal; → **Leh(e)ns-**
~ismus	féodalisme
~staat/-system	État/système féodal
das **Feuer** eröffnen/einstellen	engager/cesser le feu
Feuereinstellung	cessez-le-feu *m.*
Flugblatt, -schrift	tract [trakt]

foltern	torturer, supplicier, mettre à la torture, au suplice
fordern	exiger, *Recht* revendiquer, réclamer, requérir
Forderung	demande, exigence, *rechtmäßig* revendication, réclamation
Fraktion	groupe *m.* parlementaire
frankreich-, franzosenfeindlich/ -freundlich	francophobe/-phile
Franziskaner(orden)	(ordre des) Franciscain(s)
Freidenker	libre penseur
Freie Demokratische Partei (FDP)	Parti libéral
Freigut, -hof	franc-alleu
Freihandel	libre-échange
Freiheit	liberté, *von Abgaben, Gebühren* franchise
Freiheitsdrang, -durst	soif de liberté
Freiheitskampf/-krieg	combat/guerre pour la liberté
Freiheitsliebe/-sinn	amour/sens de la liberté
Freiherr, -frau	baron, -ne
Freikorps	corps franc
freilassen	*Gefangene* libérer, relâcher, relaxer, *Sklaven* affranchir
Freimaurer	franc-maçon
freistellen	*von einer Aufgabe* libérer, *von Steuern* exempter, exonérer
sich **freiwillig** melden *(milit.)*	s'engager comme volontaire
es herrscht **Frieden**	la paix règne
den **Frieden** bewahren/brechen/stören	préserver/rompre/troubler la paix
Frieden schließen	faire, conclure la paix
im/mitten im **Frieden**	en temps de/en pleine paix
Friedensbewegung	mouvement de paix
Friedensstärke	effectif de paix
Friedensstifter	pacificateur
Friedensstörer	perturbateur, fauteur de troubles, trublion
Friedensverhandlungen	négociations de paix
Friedensvermittler	médiateur de la paix

Friedensvertrag/-wille	traité/volonté de paix
Frist	délai, terme *m.*
Fron(arbeit, -dienst)	corvée
Front machen gegen	faire front à, résister à
an der **Front**	sur le, au front
an zwei **Fronten**	sur deux fronts
Fruchtwechsel	assolement
Führungsschicht	classe dirigeante
Fünfjahresplan	plan quinquennal
Fürst, -in	prince, princesse
Fürstentum	principauté *f.*
Garantiemacht	puissance garante
garantieren	→ **bürgen**
Gebietsabtretung/-anspruch	cession/revendication territoriale, de territoire
Gebietsaustausch	échange territorial, de territoires
Gebietshoheit/-verletzung	souveraineté/violation territoriale, de territoire
Geblüt	sang, lignée, race
von ~	de sang
Gebühr	taxe, redevance, *Pl. auch* droits
eine ~, ~en erheben	percevoir une taxe, des droits
gebühren	revenir, appartenir à qn de droit; être dû, due
jdm ~, zu	revenir à qn de
Geburtsadel	noblesse héréditaire
gefährden	mettre en danger, compromettre
gefangenhalten	détenir (en prison)
gefangennehmen	faire prisonnier, -ère, capturer
Gefangenschaft	captivité
in ~ geraten	être fait prisonnier
Gefolgschaft	suite, partisans *Pl.*
die ~ verweigern	refuser d'obtempérer
Gefolgsmann	partisan; *Lehnswesen* vassal
Gefreiter	caporal
zum **Gegenangriff** übergehen	passer à la contre-attaque
Gegenbewegung	mouvement opposé; réaction
ein **Gegengewicht** bilden zu	contrebalancer

Gegenkandidat	candidat d'un autre parti, de l'opposition
als Gegenleistung (für)	en échange (de), en revanche, en contrepartie
ohne Gegenleistung	sans rémunération
bei entsprechender Gegenleistung	à charge de revanche
Gegenpapst	antipape
Gegenschlag, -stoß	contrecoup
Gegenspieler	adversaire, opposant, antagoniste
Gegenstimme	voix contre
sich (feindlich) gegenüberstehen	se faire face (en ennemi)
gegnerisch	adverse, d(e l)'adversaire
blinder Gehorsam	obéissance aveugle
Gehorsam schulden/verweigern	devoir/refuser obéissance
Gehorsamspflicht/-verweigerung	devoir/refus d'obéissance, insubordination
Geisel	otage *m.*
als ~	en otage
–n nehmen/stellen	prendre/donner, livrer des otages
geistlich	spirituel, religieux, *kirchl.* clérical, ecclésiastique
Geistlichkeit	clergé *m.*, gens d'Église, ecclésiastiques
freies Geleit (zusichern)	(donner un) sauf-conduit
Geleitbrief	sauf-conduit
das Gelobte Land	la Terre promise
geltend machen	faire valoir, affirmer
für sich ~ machen	se prévaloir de
gemäßigt/Gemäßigter	modéré
Gemeinde	commune, *Stadt* municipalité, *Kirche* paroisse *f.*
~wahlen	élections communales, municipales
Gemetzel	carnage, massacre, tuerie
Generalstab	état-major
Generalstände	États généraux
vor Gericht gehen	recourir à la justice, se pourvoir en justice
Gericht halten	rendre la justice
vor Gericht stehen	être jugé

vor **Gericht** stellen	traduire, déférer en justice
sich vor **Gericht** verantworten	répondre de ses faits et gestes devant le tribunal
gerichtlich verfolgen	poursuivre en justice
gerichtliche Untersuchung	enquête judiciaire
(durch) **gerichtliche** Verfügung	(par) ordonnance judiciaire
einer **Gerichtsbarkeit** unterliegen	relever d'une juridiction
Gerichtsverhandlung	débats (judiciaires) *Pl.*
Geschäftsträger	chargé d'affaires
Geschlecht	race, famille, lignage
Geschütz	pièce (d'artillerie)
ein ~ in Stellung bringen	mettre une pièce en batterie
die **Gesellschaft** Jesu	la Société de Jésus
das **Gesetz** des Stärkeren	la loi du plus fort
Gesetzbuch	code
Gesetzentwurf, Gesetzesvorlage	projet de loi
einen ~ einbringen	déposer un projet de loi
Gesetzesänderung	amendement législatif
gesetzgebende Versammlung	assemblée législative
Gesetzlosigkeit	absence de lois; anarchie
in seine **Gewalt** bringen	mettre la main sur; s'emparer de
in seiner **Gewalt** haben	avoir, tenir en son pouvoir; avoir prise sur
in der **Gewalt** sein, stehen von	être au pouvoir de
der **Gewalt** weichen	céder à la force, à la violence
vor **Gewalt** nicht zurückschrecken	ne pas reculer devant l'emploi de la force
mit **Gewalt**	par (la), de, avec force; par la, avec violence
Gewaltenteilung	séparation des pouvoirs
Gewaltlosigkeit	non-violence
Gewaltstreich	coup de force
Gewaltverzicht	renoncement à la violence
Gewerkschaftsbewegung, -wesen	syndicalisme
Gewohnheitsrecht	droit coutumier, loi coutumière
Giftgas	gaz toxique
Gilde	gilde, *auch* guilde, ghilde
Gipfel(konferenz /-treffen)	(conférence / rencontre au) sommet

102

Glaubensgemeinschaft	communauté religieuse *oder* confessionnelle
Glaubenskrieg	guerre de religion
Glaubenslehre	dogmatique
Glaubensrichtung	tendance religieuse, confession
Glaubensspaltung	schisme [ʃ-]
Gleichstellung	émancipation
um **Gnade** bitten	demander grâce
keine **Gnade** kennen	ne pas connaître la pitié
bei Hofe in **Gnade** stehen	être bien en cour
Gnade walten lassen, **Gnade** vor Recht ergehen lassen	user de clémence
Gnade Gottes	grâce de Dieu
von Gottes **Gnaden**	par la grâce de Dieu, de droit divin
Gnadenfrist	délai de grâce
Gnadengesuch	recours en grâce
Gottesfrieden	trêve de Dieu
Gottesgnadentum	royauté de droit divin
Gotteslästerer	blasphémateur
Gotteslästerung	blasphème *m.*
Gottesurteil	jugement de Dieu; ordalie
Grenz-	frontalier
grenzen an	toucher à, confiner à; être limitrophe de
Großgrundbesitz	grande propriété foncière
Großgrundbesitzer	grand propriétaire foncier, terrien
Gründerjahre	*années de spéculation après 1870*
die **Grünen**	*Dtld.* les Verts, *Frkr.* les Écolos
Grund-	foncier, terrien
Grundbesitz	propriété foncière, terrienne
Grundbesitzer	propriétaire foncier, terrien
Grundherr	seigneur
Grundherrschaft	seigneurie
grundherrschaftlich	seigneurial
gültig	valable, en vigueur
günstig	favorable, propice
sich um die **Gunst** bemühen von	briguer les faveurs de

103

die **Gunst** erlangen von	obtenir, gagner les faveurs, les bonnes grâces de qn; s'attirer les bonnes grâces de qn
jdm seine **Gunst** entziehen	disgracier qn
jdm eine **Gunst** erweisen	faire, accorder une faveur, une grâce à qn
in **Gunst** stehen bei	être dans les bonnes grâces de
Gut	domaine *m.*, propriété agricole
in andere **Hände** übergehen	changer de mains
Häuptling	chef de tribu
Hakenkreuz	croix gammée; svastika *m.*
Halbpacht	métayage
einen **Handel** abschließen	conclure un marché
Handel treiben	faire du commerce
Handelssperre	embargo
Handgemenge	mêlée
es kam zu einem ~	ils en vinrent aux mains
Hauptkampflinie	ligne principale de résistance
Hauptmann	capitaine
Hausmacht	puissance territoriale
Heer	armée (de terre)
Heerbann	ban
den ~ aufbieten	lever le ban et l'arrière-ban
Heerfahrt	expédition militaire
Heide	païen
das **Heilige** Grab	le Saint-Sépulcre
das **Heilige** Land	la Terre sainte
der **Heilige** Stuhl	le Saint-Siège
die **heiligen** Stätten	les Lieux saints
Heiligenkult, -verehrung	culte, vénération des saints
heiliger Krieg	guerre sainte
Heiligkeit	sainteté
Heimfall	retour, réversion
~srecht	droit de retour
heimfallen	faire retour, tomber en déshérence
Heiratsbündnis	alliance matrimoniale
herausfordern	provoquer, défier

herbeiführen	*Ereignis* occasionner, causer, provoquer, entraîner, *Begegnung* ménager, *Zusammenarbeit* mettre en œuvre
Herbergsrecht	droit d'auberge
Herkunft *(einer Person)*	→ **Abstammung**
seine **Herrschaft** ausdehnen / ausüben	étendre/exercer sa domination
eine **Herrschaft** begründen	fonder, établir un règne, un régime
unter der **Herrschaft** von	sous le règne de
Hexe	sorcière
~njagd	chasse aux sorcières
Hinrichtung	exécution (capitale), supplice *m.*
(auch sich) **hinziehen** *(zeitlich)*	traîner en longueur
Hochverrat	haute trahison
Höfling	courtisan, homme de cour
Höhepunkt *(fig.)*	faîte *m.*, apogée *m.*
seinen ~ erreichen	atteindre son point culminant, son apogée, son paroxysme; culminer
auf dem ~ der Krise	au plus fort de la crise
hörig/Höriger	serf
Hörigkeit(sverhältnis)	servage
Hof-	aulique, de la cour
Hofadel	noblesse de cour
Hofgericht	Conseil aulique; cour du roi *oder* du prince
Hoheit	altesse, *staatl.* souveraineté
~sanspruch	prétention de souveraineté
~sgebiet	territoire national
~sgewässer	eaux territoriales
Holzgerechtigkeit, -gerechtsame	affouage
Huldigung	hommage
jdm seine ~ darbringen	rendre hommage à qn
Hungersnot	famine *f.*, disette
Illuminaten(orden)	illuminés *Pl.*
Infant, -in	infant, -e
Infanterist	fantassin
Inflations-	inflationniste

Inhaber	eines Amtes u. dgl. titulaire, der Macht détenteur
Insignien	insignes m.
Interessenausgleich/-konflikt	conciliation des/conflit d'intérêts
Interessensphäre	sphère d'influence, d'intérêts
inthronisieren	introniser
Irrlehre	hérésie, hétérodoxie
der Islam	l'islam [-lam], l'islamisme
Jesuiten(orden)	(ordre des) Jésuites, société, compagnie de Jésus
das Joch abschütteln	secouer le joug [ʒu]
Johanniter(orden)	ordre, chevaliers de Saint-Jean
Junker	hobereau, auch junker [-ker, -kœr]
Justizminister	ministre de la Justice, in Frkr. auch Garde des Sceaux
Kämmerer	→ Kammerherr
käuflich	vénal
Kaiser	empereur, Dtld. 1870–1918 Kaiser
Kaiserkrönung	couronnement impérial
Kaisertum	empire
kaltstellen (Beamte)	limoger
Kammer (auch fig.)	chambre
Kammerherr	chambellan
den Kampf eröffnen/einstellen	engager/cesser le combat, la lutte
den Kampf führen/fortsetzen	mener/poursuivre le combat, la lutte
der Kampf tobt	le combat fait rage
Kampfgewühl	mêlée
Kampfhandlung	opération, action
Kampflinie	front (d'attaque), ligne de résistance
jenseits des Kanals	Outre-Manche
kandidieren (für)	se porter candidat (à, pour); poser sa, faire acte de candidature
Kanonenfutter	chair f. à canon
Kanoniker, -kus	chanoine m.
kanonisch	canon(ique)
Kanzlei, Kanzleramt	chancellerie
Kanzler	chancelier
Karmeliter, -in	carm(élit)e
Kartäuser	chartreux

Kasernierung	casernement
kaufen	→ **dingen**
Kavallerist	cavalier
Keilschrift	écriture cunéiforme
Kerker	cachot, geôle *f.*
zu **~(haft)** verurteilen	condamner au cachot
~strafe	peine du cachot
Ketzer	hérétique
Ketzerei	hérésie
Ketzergericht	(tribunal de l')Inquisition, *Spanien* (tribunal du) Saint-Office
Ketzerverbrennung	autodafé
Kirchenbann	excommunication
Kirchengut	biens ecclésiastiques *Pl.*
Kirchenspaltung	schisme [ʃi-]
der **Kirchenstaat**	l'État pontifical, les États pontificaux *oder* de l'Église
Kirchensteuer	*impôt destiné à l'Église, Frkr.* denier du culte *oder* du clergé
Kleinstaaterei	particularisme (de petits États)
der niedere **Klerus**	le bas clergé
klösterlich, Kloster-	monastique, monacal, conventuel
Kloster	monastère *m.*, couvent
ins **~** gehen	entrer au couvent, en religion, dans les ordres, *Mann auch* prendre l'habit, *Frau auch* prendre le voile
ins **~** stecken	cloîtrer; mettre en religion
Knappe	écuyer
Knechtschaft	servitude, esclavage
Königinmutter	reine mère
Königsmord/-mörder	régicide
Kollaborateur	collaborateur, *bes. in Frkr. 1940–1944* collabo
Kolonist	colon
Kommende	commende
Kommunalwahlen	élections communales, municipales
ein **Komplott** schmieden	former, tramer, ourdir un complot
Kompromißlösung	solution de compromis

Kompromißversuch	essai, tentative de compromis
steigende/fallende **Konjunktur**	conjoncture ascendante/descendante
Konjunkturaufschwung/-rückgang	essor/dépression (économique)
konservativ/**Konservativer**	conservateur
Konvent	convention
Konzentrationslager	camp de concentration
Kopfsteuer	impôt par tête, cote personnelle, *früher* capitation
in **Kraft** setzen/treten/sein/bleiben	mettre/entrer/être/rester en vigueur
außer **Kraft** setzen	déclarer sans effet, *ein Gesetz* abroger, annuler
außer **Kraft** treten	cesser d'être en vigueur
Kreuzfahrer, -ritter	croisé
Kreuzzug	croisade
totaler **Krieg**	guerre totale *oder* à outrance
Krieger	guerrier
kriegerisch	guerrier, belliqueux
kriegführend	belligérant, en guerre
Kriegsächtung	proscription de la guerre
Kriegsanleihe	emprunt de guerre
Kriegsausbruch	commencement de la guerre, début des hostilités
kriegsbereit	prêt à entrer en guerre
kriegsbeschädigt / **Kriegsbeschädigter**	mutilé, invalide de guerre
Kriegsbeute	butin de guerre
Kriegsdienst	service militaire
~ leisten	servir à l'armée
~ verweigerer	objecteur de conscience
Kriegseintritt	entrée en guerre
Kriegserklärung	déclaration de guerre
im **Kriegsfall**	en cas de guerre
Kriegsfolgen	conséquences, séquelles de la guerre
Kriegsfreiwilliger	engagé volontaire
Kriegsgefangener	prisonnier de guerre
Kriegsgefangenschaft	captivité
in ~ geraten	être fait prisonnier (de guerre)

in **Kriegsgefangenschaft** sein	être prisonnier de guerre, être en captivité
Kriegsgericht	conseil de guerre
vor ein ~ kommen	passer en conseil de guerre
jdn vor ein ~ stellen	traduire, faire passer en conseil de guerre
kriegsgeschädigt/Kriegsgeschädigter	sinistré de guerre
Kriegshandwerk	métier des armes
Kriegshetzer	belliciste, fauteur de guerre
Kriegslasten	charges de guerre
Kriegslist	ruse de guerre, stratagème
Kriegsmacht	puissance en guerre, nation belligérante
Kriegsminister	ministre de la Guerre, de la Défense Nationale, *heute in Frkr.* des Armées
Kriegsschauplatz	théâtre des opérations (militaires), des hostilités
Kriegsschiff	bâtiment, navire *m.* de guerre
Kriegsschuld(frage)	(question de la) responsabilité de la guerre
Kriegsschulden	dettes *Pl.* de guerre
Kriegsstärke	effectif de guerre
Kriegsteilnehmer	*Person* combattant, *Land* belligérant
Kriegstreiber	belliciste, fauteur de guerre
Kriegsverbrechen/-verbrecher	crime/criminel de guerre
Kriegsverletzung	blessure de guerre
kriegsversehrt/Kriegsversehrter	mutilé, invalide de guerre
im **Krieg(szustand)** sein	être en (état de) guerre
jdn (zum König/Kaiser/Papst) **krönen**	couronner qn (roi/empereur/pape)
sich (zum König/Kaiser/Papst) **krönen** lassen	se faire couronner (roi/empereur/pape)
kündigen *(Vertrag u. dgl.)*	résilier, dénoncer
Kundgebung	manifestation
Kurfürst	(prince) Électeur
Kurfürstentum	électorat
kurfürstlich	électoral

kurfürstliches Kollegium	Électeurs
Kurie	curie
labil	instable
ländlich, Land-	rural, villageois
ins andere/feindliche **Lager** über- laufen	passer dans l'autre camp/dans le camp ennemi
in zwei **Lager** gespalten	divisé, partagé en deux camps
Laie	laïque, *auch* laïc; séculier
Land	*Gegensatz zu Wasser* terre; *Gegen- satz zu Stadt* campagne; *Nation* pays; *BRD* État fédéral, land, *Pl.* länder
Landadel	aristocratie [-si] agrarienne, terrienne
Landbevölkerung / -bewohner	population rurale / habitants de la campagne
Landedelmann	gentilhomme campagnard
Landeshauptstadt *(BRD)*	capitale du land
Landesverrat	(haute) trahison, crime contre la sûreté extérieure de l'État
Landflucht	exode rural
Landfriede(n)	paix, sûreté publique
~sbruch	violation de la paix publique
Landgraf, -gräfin	landgrave, landgrav(in)e
Landgrafschaft	landgraviat
Landrecht	droit commun, code civil
Landsknecht	lansquenet
Landstände	États provinciaux
die **~** einberufen	convoquer les États
Landsturm	*Dtld.* landsturm, *Frkr.* armée de réserve, arrière-ban
Landtag	*früher* les États, landtag, *BRD* parle- ment d'un land
Landung *(Schiff, Truppen)*	débarquement
Landwehr	landwehr; → **Landsturm**
langfristig	à long terme
zu **Lebzeiten** von	du vivant de
zu ihren/seinen **~**	de son vivant
Legislaturperiode	législature

110

Leh(e)n	fief *m.*
als ~ besitzen, zu ~ haben	tenir en fief
zu ~ geben	donner en fief
Lehen-, Lehns-	féodal
~sdienst	service de vassal, d'homme lige
~seid	(prestation de foi et) hommage
den ~seid leisten	rendre foi et hommage
zum ~seid verpflichtet sein	devoir l'hommage à qn
den ~seid verweigern	refuser l'hommage à qn
~sfolge	succession féodale
~sgut	fief
(oberster) ~sherr	suzerain (général)
~sherrlichkeit	suzeraineté, seigneur, féodal
~shof	cour féodale
~shoheit	suzeraineté
~smann, -träger	vassal; homme lige; feudataire
~spflicht	vasselage, vassalité
~spflichtig	lige
~srecht	droit féodal, *des Vasallen* droit d'investiture
~streue	fidélité au suzerain
~sverhältnis	vasselage, vassalité
~swesen	féodalisme, féodalité, régime féodal
leibeigen/Leibeigener	serf; attaché à la glèbe
Leibeigenschaft	servage
Leutnant	sous-lieutenant
Liga	ligue
Lösegeld	rançon *f.*
lösen *(Verbindlichkeit)*	annuler, résilier
Luftherrschaft	maîtrise de l'air, du ciel
Luftraum	espace aérien
Luftschutz	protection (anti)aérienne, *ziviler* défense civile, passive
Luftstreitkräfte, -waffe	force(s) aérienne(s), armée de l'air
Machenschaften	machinations, intrigues, manigances, cabales
geheime ~	sourdes menées
die **Macht** ergreifen	s'emparer du pouvoir
an die **Macht** kommen	arriver, parvenir au pouvoir

die **Macht** übernehmen/innehaben	prendre/détenir le pouvoir
an der **Macht** sein	être au pouvoir
Macht geht vor Recht	la force prime le droit
geistliche/weltliche **Macht**	pouvoir spirituel/temporel, séculier
Machtbereich	pouvoir, ressort de compétence
Machtblock	bloc de puissances
Machtergreifung, -übernahme	prise du, accession au pouvoir
Machtfülle	plénitude de la puissance
Machtgier, -hunger	avidité de pouvoir
Machthaber/-inhaber	homme au/détenteur du pouvoir
Machtkampf	lutte pour le pouvoir
machtlos	impuissant, dénué de puissance
Machtlosigkeit	impuissance
Machtpolitik/-probe	politique/épreuve de force
Machtstellung	position de force; puissance
Machtstreben	aspiration(s) à la puissance
Machtverteilung	répartition des pouvoirs
aus eigener **Macht(vollkommen-heit)**	de son propre chef, de sa propre autorité
Machtzuwachs	accroissement, augmentation de pouvoir
Mährische Brüder	frères moraves
Majestät	majesté, *Anrede* Sire / Madame
Seine/Ihre (kaiserliche/königliche) – (S.M.)	Son Altesse Impériale (S.A.I.)/Royale (S.A.R.)
Major	commandant, *in nichtfrz. Armeen auch* major
Malteserritter	chevalier de Malte
Mandatsgebiet	territoire sous mandat
Mark *(Grenzland)*	marche
Markgraf, -gräfin	margrave, margrav(in)e
Markgrafschaft	margraviat
Massenabwanderung	exode
Massenarmut, -elend	paupérisme
Massenaufgebot, -erhebung	levée en masse
Massendemonstration	manifestation massive, manifestation de, en masse
Massenflucht	fuite en masse, exode (massif)

Massenhinrichtung	exécution massive, exécutions en masse
Massenmord	massacre
Massenverhaftungen	arrestations massives, en masse
Massenvernichtung	destruction massive
~swaffen	armes de destruction massive
Maßnahme	mesure
~n ergreifen, treffen	prendre des mesures
von einer **~** betroffen sein	être visé par une mesure
sich der **Mehrheit** anschließen	rallier, joindre la majorité
die erforderliche **Mehrheit**	la majorité requise
mit einfacher/großer **Mehrheit**	à la simple/à une forte majorité
mit knapper **Mehrheit**	à une maigre, faible majorité
mit einer **Mehrheit** von 11 Stimmen, mit 11 Stimmen **Mehrheit**	par 11 voix de majorité
mehrheitlich	majoritaire
durch **Mehrheitsbeschluß**	à la majorité (des voix)
Mehrheitswahl(recht, -system)	scrutin majoritaire
Meineid	parjure *m.*
einen **~** leisten	commettre un parjure
meineidig	parjure
~ werden	devenir parjure, se parjurer
die **Menschenrechte**	les droits de l'homme
Meuterei	mutinerie, sédition, émeute *f.*
Meuterer	mutin, séditieux, émeutier
meutern	se mutiner, se révolter
Milde walten lassen	agir avec clémence
zum **Militär** gehen	être appelé sous les drapeaux, *freiwillig* entrer dans l'armée, s'engager
seinen **Militärdienst** ableisten	faire son service (militaire)
im aktiven (**Militär-)Dienst** sein	être en activité
vom **Militärdienst** befreien, zurückstellen	exempter, libérer, ajourner du service militaire
Militärdienstpflicht	obligation du service militaire, service militaire obligatoire
Militärputsch	putsch [putʃ], coup de force *oder* d'État militaire

Militärseelsorge / -seelsorger	aumônerie / aumônier (militaire, aux armées)
Ministerpräsident	président du Conseil (des ministres), Premier ministre
Minoriten	frères mineurs
Mißerfolg	insuccès, échec, non-réussite *f.*
Mißtrauensantrag / -votum	motion/vote *m.* de censure
einen **Mißtrauensantrag** einbringen / annehmen / ablehnen	déposer / adopter / repousser, rejeter une motion de censure
Mißwirtschaft	mauvaise gestion, administration, régie
Mitgift	dot [dɔt] *f.*
Mitgliedstaat	État membre
mobilmachen	mobiliser, mettre sur pied de guerre
Mobilmachung	mobilisation, mise sur pied de guerre
Mönch	moine, religieux
~ werden	se faire moine, entrer dans les ordres
mönchisch	monacal, monastique
Mönchstum	monachisme [-ki- *oder* -ʃi-]
mohammedanisch	musulman, mahométan, islamique
Mordanschlag	attentat à, contre la vie
Münzrecht	droit de battre monnaie, de monnayage
mundtot machen	museler, bâillonner, étouffer
Nachkriegszeit	après-guerre *m.*
Nachlaß	succession
Nachschub	ravitaillement
Nationalbewußtsein/-gefühl	conscience nationale/sentiment national
Nationalhymne	chant, hymne national
Nationalsozialismus	national-socialisme, nazisme [-zism]
Nationalsozialist	national-socialiste, nazi [-zi]
Nationalstaat	État-nation
Naturrecht	droit naturel
neutral	neutre
nichtadlig/Nichtadliger	bourgeois, *früher* roturier
Niedergang	déclin, décadence

eine **Niederlage** beibringen / erleiden	infliger / essuyer, subir, éprouver une défaite
niederlegen	*Amt* démissionner, *Krone* abdiquer, *Waffen* mettre bas, déposer les armes
niederschlagen *(Aufstand u. dgl.)*	réprimer, écraser
nobilitieren	anoblir
Nonne	religieuse
~ werden	se faire religieuse, prendre le voile
Nonnenkloster	couvent de femmes
Not	*Mangel* besoin, détresse, dénûment, *an Lebensmitteln* disette, *Elend* misère
Obdach	abri *m.*, asile *m.*
Oberbefehlshaber	commandant en chef
Oberhaus *(England)*	Chambre haute, des lords [lɔr]
Oberkämmerer	grand chambrier
Oberleutnant	lieutenant
Oberst	colonel
Obrigkeit	autorité(s), pouvoir(s) public(s)
~sstaat	régime autoritaire
Ökumene, ökumenische Bewegung	mouvement écouménique, *auch* œcou-, œku-
Opfer	*Handlung* sacrifice *m.*; *Gabe* offrande; *eines Krieges u. dgl.* victime *f.*
(sich) **opfern** (für)	(se) sacrifier (pour)
Ordal	ordalie
in einen **Orden** eintreten	(r)entrer dans un ordre *oder* dans les ordres
Ordensbruder/-schwester	frère, religieux/sœur, religieuse
Ordensbruderschaft	confrérie
Ordensgelübde	vœux *Pl.* monastiques
Ordensritter	chevalier d'un ordre
die öffentliche **Ordnung** aufrechterhalten	maintenir l'ordre public
die bestehende, die herrschende **Ordnung**	l'ordre établi
(sich) **orientieren** (nach)	(s')orienter (vers)
Pacht	bail

päpstlich	pontifical
der **Päpstliche** Stuhl	le Siège pontifical
Pairswürde	pairie
einen **Pakt** schließen, **paktieren**	faire un pacte, pactiser
Palatin	palatin
Panier	bannière
Panzer(fahrzeug)	(char, véhicule) blindé, char
~kräfte	forces, unités blindées
~schiff	cuirassé
panzern	cuirasser
Panzerung	cuirasse *f.*
Papstkaisertum	césaro-papisme
Papsttum	papauté *f.*
Parteigänger	partisan, sympathisant
Patriarchat	patriarcat
patrizisch/Patrizier	patricien
Personalunion	union personnelle
Pfalz	*Sitz, Palast* palais (impérial), *Gebiet eines Pfalzgrafen* palatinat
Pfalzgraf	comte palatin
Pfründe	*Kirche* bénéfice *m.*, prébende *f., fig.* sinécure
Pilgerschaft	pèlerinage
Plebejer	plébéien
plündern	piller, *milit. auch* saccager, mettre à sac
Plünderung	pillage, *milit. auch* (mise à) sac
Prämonstratenser(orden)	(ordre des) Prémontrés
Pranger	pilori *m.*
preisgeben	→ **aufgeben**
Prior, -in	prieur, -e, supérieur, -e
Priorat, Priorei	prieuré *m.*
protektionistisch	protectionniste
Provinzialstände	États provinciaux
Pufferstaat	État tampon
puritanisch/Puritaner	puritain
Putsch	putsch [putʃ] *m.*; coup de force, d'État
~ist	putschiste

Putschversuch	tentative de putsch
Quartier	→ **Einquartierung**
Rache schwören	jurer vengeance, faire serment de se venger
aus **Rache** für	par (esprit de) vengeance de
Rachegedanke	idée vengeresse
sich **rächen** (an jdm für etwas/an jdm)	se venger (de qc sur qn/de qn)
Rädelsführer	meneur, instigateur, boutefeu
Rakete	missile *m.*
Raub	rapine, *Entführung* rapt, enlèvement
auf ~ ausgehen	aller piller
~**gier**	rapacité
~**ritter**	chevalier pillard
Realunion	union réelle
sein **Recht** bekommen	obtenir justice
von seinem **Recht** Gebrauch machen	user de son droit
das **Recht** haben auf	avoir droit à
das **Recht** haben, zu tun	avoir droit, être en droit de faire
das **Recht** auf seiner Seite haben	avoir le droit, la justice de son côté
ein **Recht** herleiten von	dériver *oder* déduire un droit de
im **Recht** sein	être dans son droit
Recht sprechen	rendre la justice
jdm das **Recht** verweigern	refuser justice à qn
das **Recht** des Stärkeren	le droit du plus fort
mit (Fug und) **Recht**	avec (juste) raison
mit dem gleichen **Recht**	pour la même raison, au même titre
mit vollem, mit gutem **Recht**	à bon droit, à juste titre
mit welchem **Recht**?	de quel droit? à quel titre?
nach **Recht** und Gesetz	selon les lois et la justice
von **Rechts** wegen	de par la loi
zu **Recht** bestehen	être fondé en droit
angestammtes **Recht**	droit inné
geltendes **Recht**	droit, lois en vigueur
gemeines **Recht**	droit commun
unveräußerliches **Recht**	droit inaliénable
gleiche **Rechte** haben	avoir des droits égaux
mit gleichen **Rechten** und Pflichten	avec les mêmes droits et obligations

erworbene **Rechte**	droits acquis
Rechte *(polit.)*	droite *f.*
Rechtsgültigkeit	validité juridique
Rechtsstaat	État de droit
die **Reformation**	la Réforme
~szeit	époque de la Réforme
Reformversuch	tentative de réforme
Regal(e)	régale *f.*, droit régalien
Regentschaft	régence
Regierung	gouvernement, *monarch.* règne, *Kabinett* cabinet
an die ~ kommen	arriver, parvenir au pouvoir, au trône
eine ~ bilden	former, constituer un gouvernement
die ~ stürzen	renverser le gouvernement
nach der (kurzen/langen) ~ von	après le (court/long) règne de
unter der ~ von	sous le règne de
Regierungsantritt	avènement, accès, accession (au gouvernement, pouvoir, trône)
bei seinem ~	à son avènement
Regierungschef	chef du gouvernement
Regierungskrise	crise gouvernementale
Regierungsumbildung	remaniement ministériel
Reich	*allg.* empire, *Frkr.* Empire, *Dtld.* Reich
~sacht	ban de l'Empire
in die ~sacht erklären	mettre au ban de l'Empire
~sadel	noblesse immédiate
~sapfel	globe impérial
~sgericht	Cour suprème du Reich
~skanzler, -kanzlei	chancelier, chancellerie de l'Empire, du Reich
~skirche	Église impériale
(Freie) ~sstadt	ville (libre) impériale
~sstände	états de l'Empire
~sunmittelbar(keit)	immédiat(eté) d'Empire
~sverweser	vicaire d(e l)'Empire
~swehr	reichswehr
Reiter	cavalier

Religionsausübung	culte *m.*
Religionsfreiheit	liberté du culte
Religionsstifter	fondateur de, d'une religion
requirieren	réquisitionner
revoltieren	se révolter
diesseits/jenseits des **Rheins**	cisrhénan/outre-Rhin
jdn zum **Ritter** schlagen	donner l'accolade à qn, armer qn chevalier
Ritterburg	château fort
Ritterdienst	service de chevalier
Rittergut	domaine seigneurial; terre, proprié-té seigneuriale, *Pl.* biens éque-stres
~sbesitzer	propriétaire d'un domaine seigneu-rial *usw.*
Ritterlehen	fief de haubert
Ritterorden	ordre de chevalerie
der Deutsche ~	l'ordre Teutonique; les, l'ordre des Chevaliers Teutoniques
Ritterschaft	chevalerie
Ritterschlag	accolade
Ritterstand	dignité de chevalier
in den ~ erheben	élever à la dignité de chevalier
Rittertum	chevalerie, chevaliers *Pl.*
Ritterzeit	époque de la chevalerie
Ritus	rite *m.*
Rückendeckung	couverture (de l'arrière)
Rücktritt	*von einem Amt* démission, *von ei-nem Vertrag* résiliation, dénon-ciation
Rüstung	*milit.* armement, *Ritter* armure
~swettlauf	course aux armements
salben	sacrer
jdn zum König ~	sacrer qn roi
sich ~ lassen	se faire sacrer
Salbung	sacre *m.*
Salzsteuer	impôt sur le sel, *hist.* gabelle
Schafott	échafaud
Scharmützel	escarmouche *f.,* échauffourée

Scheinfriede(n)	paix fourrée
Scheingefecht	combat simulé
Scheiterhaufen	bûcher
(*auch* soziale) **Schicht**	couche *f.*
Schiedsrichter	arbitre
sich zum ~ Europas machen	se faire l'arbitre de l'Europe
Schildknappe	écuyer
Schirmherrschaft	patronage; égide *f.*
Schisma	schisme [ʃi-]
Schließung	*Versammlung* clôture
schollengebunden	attaché à la glèbe
Schulden machen	contracter des dettes
Schuß	coup de feu
Schutzzoll	droit protecteur
Schwenk(ung)	→ **Wendung**
schwerkriegsbeschädigt / Schwer- **kriegsbeschädigter**	grand mutilé, blessé, invalide de guerre
Schwertadel	noblesse d'épée
Schwur	serment; → **Eid**
im **Seegebiet** von	dans les eaux de
Seegefecht	combat naval
Seeherrschaft	maîtrise de la mer, des mers
Seekrieg	guerre navale, maritime
Seeschlacht	bataille navale, combat naval
Seestreitkräfte	forces navales; marine, flotte
Selbstbestimmung(srecht)	(droit d') autodétermination
Selbstverwaltung	gestion directe, autonome, autonomie (administrative)
Sicherheitspolizei *(Frkr.)*	Sûreté
Siedler	colon
Sitzung	séance, *Gericht* audience
Sklaverei	esclavage, *als Doktrin* esclavagisme
Söldner	mercenaire
Sold	solde *f.*
Soldat werden	être appelé sous les drapeaux, *freiwillig* entrer dans l'armée, s'engager
gemeiner **Soldat**	simple soldat
Soldateneid	serment de soldat

Sonderfrieden	paix separée
Sozialdemokratische Partei Deutschlands (SPD)	Parti social-démocrate (d'Allemagne)
Sozialistische Einheitspartei Deutschlands (SED)	Parti socialiste unifié d'Allemagne
Sozialversicherung	sécurité, *früher* assurance sociale
spalten	diviser, dissocier
Spaltung	*Partei* division, scission [si-], *Religion* schisme [ʃi-]
spannfähiger Bauer	paysan détenant un attelage
die Spannungen beseitigen / vermindern / verschärfen	éliminer / réduire / aggraver la tension
Staatenbund	confédération d'États
staatenlos / Staatenloser	apatride, sans nationalité
staatlich, Staats-	de l'État, domanial, national, public, gouvernemental
von Staats wegen	. pour raison d'État
Staatsangehöriger, -bürger (von)	ressortissant, citoyen (de), *Pl. auch* nationaux (de)
Staatsangehörigkeit, -bürgerschaft	nationalité, citoyenneté
die ~ erwerben/aberkennen	acquérir la / priver de la nationalité
Verleihung / Verlust der ~	octroi / déchéance de la nationalité
Staatsanleihe	emprunt d'État
staatsbürgerlich	civique
~e Gesinnung	civisme
staatseigen	→ staatlich
staatsfeindlich	antinational
~e Umtriebe	menées antinationales
Staatsgefährdung	atteinte à la sûreté de l'État
staatsgefährlich	dangereux pour l'État
Staatsgerichtshof	Haute Cour
Staatsgewalt	pouvoir d(e l)'État, puissance de l'État, autorité publique
Widerstand gegen die ~	résistance à l'autorité publique
Staatsgut	domaine *m.*
Staatskirche	Église nationale
auf Staatskosten	aux frais de l'État
Staatsmann	homme d'État; (homme) politique

121

Staatsoberhaupt	chef d'État
das ~	le chef de l'État
Staatspräsident	président de la République
Staatsraison	raison d'État
Staatssicherheit	sûreté de l'État
Staatsstreich	coup d'État, putsch [putʃ] *m.*
Staatstreue	loyalisme
Staatsverbrechen	crime *m.* politique, haute trahison
Staatsverleumdung	atteinte au crédit de l'État, de la nation
Staatsvermögen	trésor public
Staatsverschuldung	endettement de l'État
Staatswappen	armes *Pl. f.*, armoiries d'un pays
Staatswohl	bien public
Stab	état-major
Stadtmauer	murs *Pl. m.* de la ville, (mur d')enceinte *f.*
Stadtrecht	droit de cité
Stadtstaat	État urbain
Stände	états, ordres
ständisch	féodal; d'Ancien Régime
(Völker)Stamm	tribu *f.*
Stammgut	bien de famille, patrimoine *m.*
Standgericht / -recht	cour / loi martiale
standrechtlich erschießen / erschossen werden	passer / être passé par les armes (en vertu de la loi martiale)
Stapelrecht	droit d'étape
Statthalter	lieutenant général, *einer Provinz* gouverneur
~ Christi	vicaire
Stellvertreter	remplaçant, suppléant, représentant, adjoint, substitut, vice-; → **Statthalter**
Steuer	impôt, *Abgabe* contribution, droit, *auf Waren* taxe
mit einer ~ belegen	frapper, grever d'un impôt
von ~n erdrückt	accablé *oder* écrasé d'impôts
steuerlich, Steuer-	fiscal
Steuerpacht, -verpachtung	affermage des impôts; ferme

Steuerpächter	fermier (général)
steuerpflichtig	imposable, contribuable, redevable
Stichwahl	(scrutin de) ballottage
stillschweigend	tacite
Stimmabgabe	vote *m.*, scrutin
die **Stimmberechtigten**	les inscrits
Stimmberechtigung	droit de vote, de voter
Stimmbezirk	circonscription électorale
Stimme	voix *f.*, vote *m.*, suffrage *m.*
seine ~ abgeben	donner, exprimer sa voix *usw.*, voter
abgegebene ~n	suffrages exprimés
sich der ~ enthalten	s'abstenir (de voter)
seine ~ geben	accorder, donner sa voix, son suffrage (à), voter (pour)
Sitz und ~ haben	avoir voix au chapitre
ausschlaggebende ~	voix prépondérante
beratende/beschließende ~	voix consultative/délibérative
(5% der) ~n verlieren	perdre (5%) des voix, reculer (de 5%)
die ~n (aus-)zählen	compter les voix, les votes; dépouiller le scrutin
mit 11 gegen 9 ~n	par 11 voix contre 9; → **Mehrheit**
~nanteil	proportion de voix
die nötige ~nanzahl	le nombre de voix nécessaire
~neinbuße, -verlust	perte de voix, de suffrages
(bei) ~ngleichheit	(en cas de) parité de(s) voix
~nunterschied	écart de voix
~nverlust	→ **Stimmeneinbuße**
Stimmrecht	droit de vote, de suffrage
~zettel	bulletin de vote
gültiger / ungültiger ~	bulletin valable / nul
Stimmung *(Truppe, Bevölkerung)*	moral *m.*
Strafe	punition, *jur.* peine, *Geld* amende
eine ~ über jdn verhängen	frapper qn d'une peine
straffrei	impuni
(Bummel-)**Streik**	grève (du zèle, grève perlée)
einen **Streik** ausrufen	lancer l'ordre de grève
in den **Streik** treten	se mettre en grève

wilder **Streik**	grève spontanée, sauvage, non contrôlée
Streikrecht	droit de grève
Streit	querelle, démêlé *m.*, contestation, *tätlich* rixe *f.*, *verbal* dispute *f.*, discussion, *Meinungen* différend, controverse, *jur.* litige *m.*
~ anfangen, suchen (mit)	chercher querelle, dispute (à); entrer en lice (avec)
einen ~ (gütlich) beilegen	terminer un désaccord, régler un différend (à l'amiable)
in ~ geraten (mit)	se prendre de querelle, entrer en conflit (avec)
im ~ liegen (mit)	se quereller, avoir des démêlés, des conflits, avoir une contestation, être en conflit, en guerre (avec)
einen ~ schlichten	arranger, apaiser un conflit *usw.*, régler un litige *usw.*
(sich) **streiten**	→ im **Streit** liegen
Steiterei	querelles, disputes *Pl. f.*
Streitfall, -frage	conflit, désaccord, différend, *jur.* litige *m.*, cas litigieux, question litigieuse, controversée; point litigieux
jdm etwas **streitig** machen	disputer qc à qn
Steitigkeiten	contestations, différends, querelles, conflits
Steitkräfte, -macht	forces (armées)
Streitsucht	combativité; humeur querelleuse; esprit querelleur, de chicane
streitsüchtig	querelleur; chicaneur, chicanier
stürzen *(Herrscher, Regierung)*	tomber/renverser, faire tomber
Sturz *(Herrscher, Regierung)*	chute *f.*/renversement
den ~ des Königs betreiben/herbeiführen	pousser à/provoquer la chute du roi
Tagelöhner	journalier; homme, femme de journée *oder* qui travaille à la journée

tagen	siéger; tenir séance; être réuni; se réunir, s'assembler; délibérer
Tagesbefehl	ordre *m.* du jour
tarnen/Tarnung *(auch fig.)*	camoufler/-flage
teilen	diviser, *auf-, verteilen* partager, *zerstückeln* démembrer, morceler
Teilpacht	métayage
Teilung	division, *Gebiet* partage, démembrement
Templer(orden)	(ordre des) Templiers
den **Thron** besteigen	monter sur le trône
Thronbesteigung	→ **Regierungsantritt**
Thronfolge/-folger, -folgerin	succession/successeur *nur m.* au trône; *in Frkr.* dauphin, -e
totaler Krieg	guerre totale *oder* à outrance
Tote Hand	mainmorte
Treubruch	manque *m.* de foi, félonie, parjure *m.*
treubrüchig	félon
Treueid (gegenüber)	serment de fidélité (à)
Treuepflicht des Untertanen	allégeance
Treuga Dei	trêve de Dieu
Treuhänder	fidéicommissaire; curateur
treuhänderisch	fiduciaire
~ verwalten	administrer à titre fiduciaire
Treuhand(schaft)	fiducie; fidéicommis *m.*; tutelle
Truppenparade	revue (militaire)
Truppenstärke	effectif
Tyrannei, Tyrannis	tyrannie
übereinkommen, -stimmen	s'accorder; tomber, se mettre d'accord; convenir
in Übereinstimmung bringen	accorder; faire concorder; mettre d'accord
in Übereinstimmung mit	conforme à
überfallen	attaquer, envahir par surprise; surprendre, assaillir, agresser
überflügeln	surpasser, surmonter, *milit.* déborder
Übergabe *(einer Stadt u. dgl.)*	reddition, capitulation
überkonfessionell	interconfessionnel

125

überlassen	laisser, céder, abandonner
überlegen sein	être supérieur (à), avoir le dessus
in **Übersee**	outre-mer
von **Übersee, überseeisch**	d'outre-mer
übertreten (*etw.*)	transgresser, enfreindre, violer
~ (zu)	passer (à), se ranger (du côté de), *Religion* se convertir (à)
ein **Ultimatum** stellen	envoyer, signifier un ultimatum [-ɔm]
umfassen (*milit.*)	envelopper, encercler, cerner
umgehen (*Gesetz*)	éluder
Umschlag(platz)	(place de) transbordement, écoulement des marchandises
umschließen	→ **umfassen**
umschwenken	changer d'avis, tourner bride
Umschwung	revirement, bouleversement
umstellen, -zingeln	→ **umfassen**
unangefochten	incontesté
Ungnade	disgrâce
in ~ fallen	tomber en disgrâce
bei Hofe in ~ stehen	être mal en cour
Unruheherd	foyer de troubles, d'agitation
Unruhen	troubles *m.*, désordres *m.*
Unruhestifter	fauteur, agitateur, boutefeu
unterdrücken	*Aufstand* réprimer, étouffer, *Volk* opprimer
unterentwickelt	sous-développé
Untergang	déclin, chute, ruine, perte, fin
Unterhändler	négociateur, *milit.* parlementaire
Unterhaus (*England*)	Chambre basse, des communes
im ~	aux communes
unterjochen	subjuguer, assujettir, asservir
unterlegen sein	être inférieur (à), avoir le dessous
Unternehmer(schaft, -tum)	patronat; entrepreneurs *Pl.*
Unterredung	entretien; entrevue *f.*, conférence; pourparlers *Pl. m.*
Unterschlupf	refuge *m.*, abri *m.*
jdm ~ geben	donner abri à qn, abriter qn
U(ntersee)boot	sous-marin

unterstellen	subordonner à; placer, mettre sous les ordres de, *Truppen* affecter à
Untertan	sujet
unterwandern	s'infiltrer dans, noyauter
(sich) unterwerfen	(se) soumettre; → unterjochen
Unterzeichner(staat)	(État) signataire
unumstritten	incontesté
Vasall	vassal
Vasallendienst, -tum	vasselage, vassalité
Vasalleneid	hommage féodal
Vasallenstaat	État vassal, tributaire, satellite
verabschieden *(Gesetz u. dgl.)*	voter, adopter
verarmen	s'appauvrir
Verarmung	appauvrissement, paupérisation, paupérisme
verbannen	bannir, proscrire, exiler
(sich) verbünden	(s')allier, (se) liguer, (se) coaliser, (se) (con)fédérer
Verdienstadel	noblesse de lettres
vereidigen	assermenter, faire prêter serment à qn
vereiteln	faire échouer; déjouer, contrecarrer
ein Komplott ~	déjouer un complot
verelenden	s'appauvrir; tomber dans la misère
Verfall *(eines Reiches)*	ruine, décadence, déclin
verfallen	tomber en décadence, en ruine(s); se désorganiser; dépérir
verfassunggebende Versammlung	assemblée constituante
Verfassungsbeschwerde	recours constitutionnel
Verfassungsbruch	violation de la constitution
verfassungsmäßig / -widrig	constitutionnel/inconstitutionnel
verfolgen	poursuivre, *Christen u. dgl.* persécuter
Verhältniswahlrecht, -system	représentation proportionnelle
verhaften	arrêter, appréhender; mettre aux arrêts, en état d'arrestation
Verhandlung(en)	négociations *Pl. f.*; pourparlers *Pl. m.*, débats *Pl. m.*

127

Verhandlungen anbahnen, einleiten/aufnehmen/führen	engager/entamer/mener des négociations *usw.*
in ~ eintreten	entrer en, engager des négociations *usw.*
die ~ eröffnen/ab-, unterbrechen/vertagen/wiederaufnehmen/schließen	ouvrir/interrompre, suspendre/ajourner, remettre/reprendre, renouer/clore les négociations *usw.*
Verhandlungsangebot	offre *f.* de négociation
verhandlungsbereit	prêt à négocier
Verhandlungspartner	négociateur; partie négociatrice
auf dem **Verhandlungsweg**	par la voie des négociations
verheeren	ravager, dévaster, désoler, mettre à feu et à sang
verkünden	*öffentlich* proclamer, publier, *Gesetz* promulguer
verlangen	demander, exiger, réclamer, *Recht auch* revendiquer
verleihen	conférer, donner, *Titel, Würde auch* investir de
Verlies	cachot, oubliettes
vermitteln	*Zusammenkunft* ménager, arranger/s'entremettre, s'interposer; intercéder; servir d'intermédiaire, de médiateur
Vermittlungsangebot /-versuch / -vorschlag	offre/tentative/proposition de médiation
vernichten	anéantir, écraser
Verordnung	ordonnance, décret
Verräter, -in	traître, -esse
Verrat	trahison *f.*, traîtrise
Versammlungsfreiheit/-recht	liberté/droit de réunion
sich **verschanzen**	se retrancher
verschleppen *(Menschen)*	déporter; → **entführen**
sich **verschulden**	s'endetter
Verschuldung	endettement
die wachsende ~	l'endettement croissant
sich **verschwören**	se conjurer; conspirer, comploter
Verschwörung	complot
versenken *(Schiff)*	couler, envoyer par le fond

sich selbst **versenken**	se saborder
versöhnen	(ré)concilier
sich ~	se réconcilier, faire la paix
verstaatlichen	nationaliser, étatiser, socialiser, *kirchl. Güter* séculariser
Verständigung *(Übereinkunft)*	entente, accord, arrangement, rapprochement
~**sbereit**	prêt à s'entendre
verstoßen gegen	contrevenir à, enfreindre, violer
vertagen	ajourner, proroger
vertraglich, Vertrags-	contractuel
Vertragsabschluß	passation, conclusion d'un, du contrat *oder* d'un, du traité
Vertragsbedingung/-bestimmung	condition/clause du contrat, du traité
Vertragsbruch	rupture de contrat, de traité
vertragsbrüchig	qui a rompu le contrat, le traité
vertragschließend/Vertrags- partner	contractant
Vertragsentwurf	projet de contrat, de traité
vertragsgemäß/-widrig	conforme/contraire au contrat, au traité
die **Vertrauensfrage** stellen	poser la question de confiance
Vertrauensvotum	vote *m.* de confiance
verweltlichen	séculariser, laïciser
Verweser	administrateur, vicaire
verwirken	perdre (son droit à); être déchu de
verwüsten	→ **verheeren**
verzichten auf	renoncer à; se désister de; résigner
absolutes/aufschiebendes **Veto**	véto absolu/suspensif
(s)ein **Veto** einlegen (gegen)	mettre, opposer son véto (à)
Vetorecht	droit de véto
vierteilen	écarteler
Völkerrecht	droit international, des gens
für **vogelfrei** erklären	mettre hors la loi
Vogt	bailli
Vogtei	baillage
Volksabstimmung, -entscheid	plébiscite *m.*, référendum
durch ~	par (voie de) plébiscite, de référendum

Volksaufstand, -erhebung	insurrection (populaire), soulèvement national, levée en masse
Volksbegehren	initiative populaire, de plébiscite
Volksdemokratie/-front/-republik/-versammlung	démocratie/front/république/réunion populaire
Volksdeutscher	Allemand ethnique
volkseigen	socialisé, nationalisé
Volksentscheid	→ **Volksabstimmung**
Volksgerichtshof	Tribunal du Peuple
Volksgruppe/-zugehörigkeit	communauté/origine ethnique
Volkspartei/-tribun	parti/tribun du peuple, populaire
Volksstamm	peuplade, tribu f.
Volkssturm	volkssturm, *1945* milice populaire
Volkstum	nationalité, caractère national
Volkswohlfahrt	bien, salut public
Volkswut	fureur f. du peuple
Volkszählung	recensement du peuple, de la population
Vollmacht	(plein(s)) pouvoir(s)
vorgehen	prendre des mesures, *streng* sévir
Vorkämpfer, -in	champion, -ne; pionnier *nur m.*
Vormacht	puissance prédominante
Vormarsch	avance
Vormund	tuteur
Vormundschaft	tutelle
Vorrecht	privilège, *ausschließliches* prérogative
vorrücken *(milit.)*	avancer, progresser, *Linie* avancer, *Grenze* repousser
Vorsitz	présidence
den ~ führen	présider (qc, à qc)
vorstoßen	avancer, attaquer
Vorverhandlungen	préliminaires *Pl. m.*
Vorzugsstellung	position privilégiée
wählbar	éligible
Wählerschaft	électeurs *Pl.*, électorat
Währung	monnaie; valeur, système monétaire
~sreform	réforme monétaire
Waffe(ngattung)	arme f.

mit **Waffengewalt**	par la force des armes
Waffenruhe	cessez-le-feu *m.*, suspension d'armes
Waffenstillstand	trève *f.*, armistice *m.*
Wahl	élection, vote *m.*, scrutin
direkte / indirekte ~	suffrage direct / indirect
die ~ ist im Gange	les élections se déroulent
die ~ zur Nationalversammlung	les élections pour l'Assemblée nationale, les élections législatives
die ~en gewinnen	remporter les élections
bei den ~en von 1973	aux élections de 1973
Wahl-	électoral
~**beeinflussung** / ~**beteiligung** / ~**betrug,** ~**fälschung** / ~**kampagne** / ~**kampf** / ~**niederlage** / ~**rechtsreform** / ~**sieg**	pression / participation / fraude / campagne / lutte / défaite / réforme / victoire électorale
~**berechtigt** sein	avoir le droit de vote
~**berechtigung**	droit de vote
~**ergebnis**	résultat du scrutin
~**freiheit**	liberté de vote
~**gang**	tour (de scrutin)
in zwei ~**gängen**	à deux tours
~**geheimnis**	secret du vote
~**königtum/-monarchie**	couronne/monarchie élective
~**pflicht**	obligation de vote
~**recht**	droit de vote
das ~**recht** einführen	introduire le droit de vote
allgemeines/eingeschränktes ~**recht**	suffrage universel/restreint
nach allgemeinem ~**recht**	au suffrage universel
~**stimme**	voix, suffrage
~**zensus**	cens électoral
Wechselrente	lods et ventes
die *(deutsche)* **Wehrmacht**	la Wehrmacht
Wehrpflicht	service militaire obligatoire
Weidegerechtigkeit, -gerechtsame	droit de pacage
Weihe	*eines Königs u. dgl.:* sacre *m.*
höhere/niedere ~n	ordres majeurs/mineurs
weihen	sacrer
jdn zum Bischof/Priester ~	sacrer qn évêque/ordonner qn prêtre

Weiler	hameau
weltlich	*nichtkirchl.* séculier, laïc *oder* -ïque, *bes. Macht* temporel
Weltmacht	puissance mondiale
Wendung	changement de direction, d'opinion; revirement, tour
eine andere ~ geben	donner un autre tour à
eine gute/schlimme ~ nehmen	tourner bien/mal, prendre une bonne/mauvaise tournure
eine tragische ~ nehmen	tourner au tragique
eine unerwartete ~ nehmen	prendre un tour inattendu
~ zum besseren	changement en mieux, amélioration
Wertpapier	valeur *f.*, effet, titre
Wettrüsten	course aux armements
widerrufen	*Verfügung* révoquer, abroger, *Behauptung, Meinung* rétracter, désavouer; se dédire de
sich **widersetzen**	résister, faire résistance (à); s'opposer (à), → sich **auflehnen**
Widerstand	résistance
~sbewegung	mouvement de résistance, in *Frkr. 1940–44* Résistance, maquis
~skämpfer	résistant, *in Frkr. 1940–44 auch* maquisard
Wiedergutmachung	réparation, compensation, indemnisation, redressement
Wiedertaufe	second baptême [ba-]
Wiedertäufer	anabaptiste [anabatist]
Wiederwahl	réélection
Wirtschaftswachstum	croissance économique
Wohlfahrtsstaat	État-providence
wüten *(Krieg, Pest)*	sévir
Zar, -in	tsar, tsarine
Zarentum	tsarisme
Zehnt(er)	dîme *f.*, décime *m., auch f.*
den **~en** geben/erheben	payer/lever la dîme
vom **~(en)** belastetes Land	dîmerie
Zeitalter	âge, siècle, époque, temps, ère *f.*, période

das goldene **Zeitalter**	le siècle, l'âge d'or
in unserem ~	à l'ère, à l'époque où nous sommes, à notre époque
Zensus	cens; recensement
Zentralstaat	État centralisé
Zeugnis	témoignage; *jur.* déposition
~ ablegen von	rendre (un) témoignage de
Zins	*Abgabe* cens, redevance; *auf Kapital* intérêt(s)
zinspflichtig *(Lehnswesen)*	censitaire
Zionismus	sionisme
Zisterzienser(orden)	(ordre des) Cisterciens
Zivil/Zivilist, Zivilperson	civil
Zölibat	célibat
Zuchthaus	maison centrale *oder* de réclusion; pénitencier
Zuchthausstrafe *(früher)*	travaux forcés
Zuflucht	refuge *m.*, asile *m.*
~ nehmen zu	recourir à, avoir recours à
~ suchen/finden (bei)	chercher / trouver refuge, se réfugier (à, dans; auprès de, chez)
zukommen	→ **gebühren**
Zunft	corps de métier; corporation
zurückfordern	redemander, réclamer, demander la restitution de, *jur.* revendiquer
zurücktreten	démissionner, donner sa démission; se démettre (de ses fonctions), abdiquer
zurückweichen	reculer, se retirer, céder, *milit.* battre en retraite; plier
zusammenbrechen *(Regime, Verwaltung)*	s'effondrer, (s'é)crouler
Zusammenbruch *(Regime, Verwaltung)*	effondrement, écroulement
Zusammenhalt *(auch eines Reiches)*	cohésion
Zusammenkunft	réunion, assemblée, conférence; *bes. von zwei Personen* rencontre *f.*, entrevue *f.*

Zusammenstoß *(auch milit. u. fig.)*   choc, heurt, collision, conflit

zusammenstoßen *(auch milit. u. fig.)*   s'entrechoquer, se heurter, se choquer, entrer en collision, en conflit

sich **zuspitzen** *(Lage)*   s'aggraver, devenir critique

zustehen   → **gebühren**

Zustimmung   → **Einverständnis**

Zwangsarbeit   travaux forcés

Zwanzigster *(Steuer)*   vingtième *m.*

Zwietracht   désunion, discord(anc)e *f.*

~ säen   semer la discorde

Zwischen-   intermédiaire

Zwischenkriegszeit   entre-deux-guerres *m.*

2. Bibliographie

2.1 Sprachliche Hilfsmittel

2.1.1 Bedeutungswörterbücher

Dictionnaire de l'Académie française. 9e éd., Paris: Imprimerie Nationale 1986–

Grand Larousse de la langue française en six [seit 1974: *sept*] *volumes*, Paris: Larousse ^{3}1971–1978
Einbändige Handausgabe:
Petit Larousse illustré, Paris: Larousse. Mit enzyklopädischem Teil; jährliche Neuauflagen

Littré, É., *Dictionnaire de la langue française*, 4 Bände und 1 Supplementband, Paris: Hachette 1863–72. Nachdruck in 7 Bänden, Paris: Gallimard/Hachette 1961f. Nachdruck in 5 Bänden, Chicago: Encyclopedia Britannica 1982f.
Einbändige Handausgabe:
Le Petit Littré, Neuauflage Vernoy 1981

Le Grand Robert de la langue française. Dictionnaire alphabétique et analogique de la langue française. 2e éd., 9 Bände, Paris: Le Robert 1985
Einbändige Handausgabe:
Le petit Robert 1. Dictionnaire alphabétique et analogique de la langue française, Paris: Le Robert. Jährliche Neuauflagen

Le petit Robert 2. Dictionnaire universel des noms propres alphabétique et analogique, Paris: Le Robert. Jährliche Neuauflagen

Trésor de la langue française. Dictionnaire de la langue du XIXe et du XXe siècle (1789–1960), Paris: CNRS 1971–

2.1.2 Sprachgeschichtliche Wörterbücher

2.1.2.1 Alt- und Mittelfranzösisch

Godefroy, F., *Dictionnaire de l'ancienne langue française et de tous ses dialectes du IXe au XVe siècle [...]*, 8 Bände und 2 Bände *Complément*, Paris: Vieweg, später Champion, 1881–1902. Beruht auf literarischen

und nichtliterarischen Quellen
Einbändige Handausgabe:
Godefroy, F., *Lexique de l'ancien français,* Paris: Champion 1978
Grandseignes d'Hauterive, R., *Dictionnaire d'ancien français. Moyen Age et Renaissance,* Paris: Larousse 1947
Greimas, A. J., *Dictionnaire de l'ancien français jusqu'au milieu du XIVe siècle,* Paris: Larousse [2]1980
Huguet, E., *Dictionnaire de la langue française du seizième siècle,* 7 Bände, Paris: Champion, später Didier, 1928–67
Stone, Louise W./W. Rothwell, *Anglo-Norman Dictionary,* London: The Modern Humanities Research Association 1977–
Tobler-Lommatzsch, *Altfranzösisches Wörterbuch,* Berlin: Weidmann/ Wiesbaden: Steiner 1925 –. Zuletzt erschienen: Bd. 10, 1976, T; beruht auf literarischen Quellen des 11.–14. Jahrhunderts

2.1.2.2 Altprovenzalisch

Levy, E., *Petit dictionnaire provençal-français,* Heidelberg: Winter [5]1973
Levy, E., *Provenzalisches Supplement-Wörterbuch. Berichtigungen zu Raynouards Lexique Roman,* 8 Bände, Leipzig 1894–1924
Raynouard, M., *Lexique roman ou Dictionnaire de la langue des troubadours,* 6 Bände, Paris 1844

2.2 Historische Hilfsmittel

2.2.1 Einführungen

Baumgart, W., *Bücherverzeichnis zur deutschen Geschichte. Hilfsmittel, Handbücher, Quellen,* München: dtv [7]1988. Schließt französische Hilfsmittel ein und enthält ungeachtet seines Titels auch solche zur Geschichte Frankreichs; Quelle für viele der hier folgenden Angaben:
Brunet, L. P./A. Plessis, *Introduction à l'histoire contemporaine,* Paris: Colin 1972
Deutsch-Französisches Jugendwerk (DFJW; Adresse s. 3.1) (ed.), *Frankreich im Buch,* o.J.
Guiral, P., et al., *Guide de l'étudiant en histoire moderne et contemporaine,* Paris: PUF 1971
Pacaut, M., *Guide de l'étudiant en histoire médiévale,* Paris: PUF [2]1973

2.2.2 Bibliographische Nachschlagewerke

2.2.2.1 Nationalbibliographien

Ministère de l'Education publique et des beaux-arts [später: Bibliothèque Nationale], *Catalogue des livres imprimés de la Bibliothèque Nationale [...]*, Paris Bd. 1–231, 1897–1981

Bibliothèque Nationale, *Catalogue général des livres imprimés [...], 1960–1969. Série 1, Caractères latins*, Paris, Bd. 1–23, 1972–76; *Série 2, Caractères non latins*, Paris, Bd. 1–4, 1972–78

Bibliothèque Nationale, *Catalogue général des livres imprimés [...], 1970–1979. Série en caractères non latins*, Paris, Bd. 1(1983)–

Domay, Friedrich, *Bibliographie der nationalen Bibliographien. Bibliographie mondiale des bibliographies nationales [...]*, Stuttgart: Hiersemann 1987

2.2.2.2 Bibliographien zur Geschichte Frankreichs

Comité français des sciences historiques [ab 1973: C.N.R.S.] (ed.), *Bibliographie annuelle de l'histoire de France du cinquième siècle à 1958* [früher: *à 1939* und *à 1945*], Paris: CNRS 1964–

Caron, P., *Bibliographie des travaux publiés de 1866 à 1897 sur l'histoire de la France*, Paris 1912. Nachdruck Genève: Slatkine 1974

Caron, P./H. Stein (eds.), *Répertoire bibliographique de l'histoire de France* [1920–1931], Paris, Bd. 1–6, 1923–38. Vorläuferin der *Bibliographie annuelle de l'histoire de France*. Nachdruck Aalen: Scientia 1972

Chevalier, U., *Répertoire des sources historiques du moyen âge. Bio-bibliographie*, Bd. 1–2, Paris 1877–88, [2]1905–07. Nachdruck New York: Kraus 1960. *Topo-bibliographie*, Bd. 1–2, Montbéliard 1894–1903. Nachdruck Millwood, N.Y., 1975

Comité francais des sciences historiques (ed.), *La Recherche historique en France de 1940 à 1965*, Paris: CNRS 1965

Comité français des sciences historiques (ed.), *La Recherche historique en France depuis 1965*, Paris: CNRS 1980

Deutsch-Französisches Institut Ludwigsburg (ed.), *Deutschland-Frankreich. Ludwigsburger Beiträge zum Problem der deutsch-französischen Beziehungen. 4. Bibliographie 1945–1962*, Stuttgart: Deutsche Verlags-Anstalt 1966

2. Bibliographie

Deutsch-Französisches Institut Ludwigsburg (ed.), *La France contemporaine. Guide bibliographique et thématique,* Tübingen: Niemeyer/ Paris: PUF 1978

Gandilhon, R./Ch. Samaran (eds.), *Bibliographie générale des travaux historiques et archéologiques* publiés par les sociétés savantes de la France [1910–1940], Bd. 1–5, Paris 1944–61

Institut Franco-Allemand de Ludwigsburg/Deutsch-Französisches Institut Ludwigsburg (ed.), *France-Allemagne. Relations internationales et interdépendances bilatérales. Une bibliographie 1963–1982/Deutschland-Frankreich. Internationale Beziehungen und gegenseitige Verflechtung. Eine Bibliographie 1963–1982,* München usw.: Saur 1984

Lasteyrie, R. de (ed.) *Bibliographie générale des travaux historiques et archéologiques* publiés par les sociétés savantes de la France [1886–1900], Bd. 1–6, Paris 1888–1918. Nachdruck New York: Franklin 1972

Lasteyrie, R. de/A. Vidier (eds.), *Bibliographie annuelle des travaux historiques et archéologiques* [1901–1910], Bd. 1–3, Paris 1906–14

Martin, A./G. Walter, *Catalogue de l'histoire de la révolution française,* Paris: BN, Bd. 1–4: *Écrits de la période révolutionnaire. Auteurs,* 1936–54; Bd. 5: *Écrits de la période révolutionnaire. Journaux et almanachs,* 1943; Bd. 6: *Écrits de la période révolutionnaire. Table analytique,* 1969

Monod, G., *Bibliographie de l'histoire de France* [bis 1789], Paris 1888. Nachdruck Bruxelles: Culture et Civilisation 1968

Stein, H., *Bibliographie générale des cartulaires français ou relatifs à l'histoire de France,* Paris 1907. Nachdruck Nendeln (Liechtenstein): Kraus 1967

Walter, G., *Répertoire de l'histoire de la révolution française. Travaux publiés de 1800 à 1940,* Paris: BN, Bd. 1: *Personnes,* 1941; Bd. 2: *Lieux,* 1951

2.2.2.3 Hochschulschriften

Catalogue des thèses de doctorat soutenues devant les universités françaises [bis 1958 unter dem Titel: *Catalogue des thèses et écrits académiques*], Jg. 1884/85–1978, Paris 1885–1985. Nachdruck Jg. 1884/85–1943, Vaduz 1964

Seit 1930 Dissertationen auch im Rahmen der *Bibliographie de la France* (→ 2.2.4.2).

Inventaire des thèses de doctorat soutenues devant les universités françaises [1981–]. Droit, sciences économiques, sciences de gestion, lettres, sciences humaines, théologies, Paris 1982–

2.2.2.4 Archiv- und Bibliotheksführer

Favier, J. (ed.), *Les Archives Nationales. État général des fonds,* Bd. 1–4, Paris: AN (Documentation Française) 1978–80

Favier, J. (ed.), *Les Archives Nationales. État des inventaires. 1. L'Ancien Régime,* Paris: AN 1985

Hartmann, P. C., *Pariser Archive, Bibliotheken und Dokumentationszentren zur Geschichte des 19. und 20. Jahrhunderts. Eine Einführung in Benützungspraxis und Bestände für Historiker, Politologen und Journalisten,* München: Saur 1976

Paravicini, W., *Das Nationalarchiv in Paris. Ein Führer zu den Beständen aus dem Mittelalter und der frühen Neuzeit,* München: Saur 1980

Paravicini, W., *Die Nationalbibliothek in Paris. Ein Führer zu den Beständen aus dem Mittelalter und der frühen Neuzeit,* München: Saur 1981

Simon, E., *Bibliothekswesen in Frankreich: Eine Einführung,* München: Saur 1986

2.2.3 Enzyklopädische Nachschlagewerke

2.2.3.1 Allgemein (chronologisch rücklaufend)

Encyclopaedia universalis, Bd. 1–20, Paris: Club Français du Livre 1968–1980. Neuauflage 1984–

Grand Dictionnaire encyclopédique Larousse, Paris: Larousse 1982–

Grand Larousse Encyclopédique, Bd. 1–10, Paris: Larousse 1960–64, Suppl. 1, 1968; 2, 1975. Neuauflage Bd. 1–10, Paris: Larousse 1982–85

Larousse du XXe siècle, Bd. 1–6, Paris: Larousse 1928–33

La Grande Encyclopédie, M. Berthelot ed., Bd. 1–31, Paris [1886–1902]

Nouveau Larousse illustré. Dictionnaire universel encyclopédique, Bd. 1–7, Suppl., Paris: Larousse [1898–1901]

Grand Dictionnaire universel du 19e siècle français, historique, géographique, biographique, mythologique, bibliographique, littéraire, artistique, scientifique, etc., Bd. 1–15, Paris: Administration du grand Dictionnaire universel [1864–1876], Suppl. 1, 1878; Suppl. 2, 1888

Diderot, D./J. B. d'Alembert (eds.), *Encyclopédie ou Dictionnaire raisonné des sciences, des arts et des métiers*, Bd. 1–17, Suppl. 1–4, Reg.-Bd. 1–2, Bildtafeln Bd. 1–11 und 1 Suppl., Paris 1751–80. Nachdruck Stuttgart-Bad Cannstatt 1966

2.2.3.2 Geschichte

Burguière, A. (ed.), *Dictionnaire des sciences historiques*, Paris: PUF 1986

Cabourdin, G./G. Viard, *Lexique historique de la France d'Ancien Régime*, Paris: Colin 1978

Commission internationale de diplomatique (ed.), „Vocabulaire international de la diplomatique", *Folia Caesaraugustana* 1 (1984), S. 111–210

Cottrell, L., et al. (eds.), *Dictionnaire encyclopédique d'archéologie*, Paris: Société d'édition de dictionnaires et encyclopédies 1962

Marion, M., *Dictionnaire des institutions de la France aux XVIIe et XVIIIe siècles*, Paris: A. & J. Picard 1969 (^{1}1923)

Maurras, Ch., *Dictionnaire politique et critique*, Bd. 1–4, Complément, Paris: Cahiers Charles Maurras 1960–75

Mourre, M., *Dictionnaire encyclopédique d'histoire*, Bd. 1–8, Paris 1986 (^{1}1968)

Reichardt, R./E. Schmitt (eds.), *Handbuch politisch-sozialer Grundbegriffe in Frankreich*, München: Oldenbourg 1985–

2.2.3.3 Biographie

Balteau, J., et al. (eds.), *Dictionnaire de biographie française*, Paris: Letouzey & Ané 1933–

Dictionnaire des femmes, Alger/Paris: Société de publications et d'éditions 1963

Dufraisse, R., *Dictionnaire biographique du mouvement ouvrier français*. Teil 1 [1789–1864], Paris: Éditions ouvrières, Bd. 1–3, 1964–66; Teil 2 [1864–1871], *La Première Internationale et la Commune*, Bd. 4–9, 1967–[71]; Teil 3 [1871–1914], *De la Commune à la Grande Guerre*, Bd. 10–15, 1972–78; Teil 4 [1914–1939], *De la Première à la Seconde Guerre mondiale (1914–1939)*, Bd. 16 (1981) –

Grimal, P., *Dictionnaire des biographies*, Paris: PUF 1958

Hoefer, F. (ed.), *Nouvelle biographie générale depuis les temps les plus reculés jusqu'à nos jours* [bis 1850/60], Bd. 1–46, Paris: Firmin Didot 1852–66. Nachdruck Kopenhagen 1963–69

Imbert, N. (ed.), *Dictionnaire national des contemporains*, Paris: Lajeunesse 1936

Jolly, J. (ed.), *Dictionnaire des parlementaires français* [1889 à 1940], Bd. 1–8, Paris: PUF 1960–77

Labarre de Raillicourt, D., et al. (eds.), *Nouveau Dictionnaire des biographies françaises et étrangères (avec notices généalogiques et héraldiques)*, Bd. 1/2, Paris 1961/67

Labarre de Raillicourt, D. (ed.), *Dictionnaire des personnages historiques français*, Paris: Seghers 1962

Lafitte, J. (ed.), *Le Who's who in France. Dictionnaire biographique*. Paris: Éditions Jacques Lafitte 1953–. Neuauflage alle zwei Jahre

Michaud, M. (ed.), *Biographie universelle ancienne et moderne*, Bd. 1–45, Paris [2]1854–65. Nachdruck Graz: Akademische Druck- und Verlagsanstalt 1966–70

Mourre, M., *Dictionnaire des personnages historiques de tous les temps*, Paris 1972

Nouveau dictionnaire national des contemporains, Paris [4]1966

Rouillé, M.D., *Le Nobiliaire de France*, 2e éd., Bd. 1/2, Nantes: Dugast Rouillé 1975/76

Vadja, G., *Le dictionnaire des autorités*, Paris o.J.

2.2.4 Reihenwerke und Periodika

2.2.4.1 Reihenwerke

Clio. Introduction aux études historiques, Paris 1934–52

Histoire économique et sociale de la France, F. Braudel et al. eds., Bd. 1–8, Paris, 1970 –

Histoire de France, J. Favier ed., Paris, Bd. 1(1984)–

Histoire de France depuis les origines jusqu'à la Révolution [...], E. Lavisse ed., Bd. 1–18, Paris 1903–[11]

Histoire de la France, G. Duby ed., Bd. 1–3, Paris [2]1982

Histoire de la France contemporaine 1789–1980, J.-P. Bertaud et al. eds., Bd. 1–8, [Mailand] 1978–81

Histoire de la France contemporaine depuis la Révolution jusqu'à la paix de 1919, E. Lavisse ed., Bd. 1–10, [Paris] 1911–22

Histoire de la France rurale, G. Duby/A. Wallon eds., Bd. 1–4, Paris 1975f.

Histoire de la France urbaine, G. Duby ed., Bd. 1–5, Paris 1980–85

Histoire générale des civilisations, M. Crouzet ed., Bd. 1–7, Paris 1967–69

Histoire du moyen âge, Bd. 1–10, Paris 1928–45

Histoire des relations internationales, P. Renouvin ed., Bd. 1–8, Paris 1953–58

Nouvelle Clio. L'histoire et ses problèmes, R. Boutruche/P. Lemerle eds., Paris, Bd. 1(1963)–

Nouvelle Histoire de la France Contemporaine, [Paris,] Bd. 1 (1972)–

Peuples et civilisations. Histoire générale, L. Halphen/Ph. Sagnac eds., Paris, Bd. 1(1926) –

Les sources de l'histoire de France depuis les origines jusqu'en 1815, A. Molinier et al. eds., 3 Teile, Paris 1901–35. Nachdruck New York 1964–74

  1: Molinier, A., *Des origines aux guerres d'Italie (1494),* Bd. 1–6, 1901–06

  2: Hauser, H., *XVIe siècle (1494–1610),* Bd. 1–4, 1906–15

  3: Bourgeois, E./L. André, *XVIIe siècle (1610–1715),* Bd. 1–8, 1913–35

Neuausgabe:

Les sources de l'histoire de France des origines à la fin du XVe siècle, Paris, Bd. 1(1971)–.

  1, 1–2: *La Gaule jusqu'au milieu du Ve siècle,* P.-M. Duval ed., 1971

2.2.4.2 Periodika

A. Démogr. hist. = *Annales de démographie historique,* Paris, 1964–

A. Généal. Héraldique = *Annales de généalogie et d'héraldique,* Paris, 1985–

A. hist. Révol. franç. = *Annales historiques de la Révolution française,* Paris, 1924–, Nachdruck 1969–

Annales = *Annales. Économies, Sociétés, Civilisations,* Paris, 1946–. Früherer Titel: *Annales d'histoire économique et sociale,* 1(1929)–10(1938). 1939–45 wechselnde Titel

Annu.-B. Soc. Hist. France = *Annuaire* [seit 1863 *Annuaire-Bulletin*] *de la Société de l'Histoire de France,* Paris, 1834–

B. Centre Hist. France contemporaine = *Bulletin du Centre d'histoire de la France contemporaine,* Paris X-Nanterre, 1981–

B. Inst. Hist. Temps présent = *Bulletin de l'Institut d'histoire du temps présent,* Paris, 1980–

B. Soc. franç. Numism. = *Bulletin de la Société française de numismatique,* Paris, 1948–

Bibliogr. France = *Bibliographie de la France,* Paris 1811–. Wechselnde Nebentitel, ab 1857 Teilung, ab 1979: *Livres-Hebdo*

Cahiers de civilisation médiévale: X^e–XIIe siècles, Poitiers, 1958–

Cah. Et. médiévales = *Cahiers d'études médiévales. Publications de l'Université de Rouen,* Paris, 1979–

Cah. médiévaux = *Cahiers médiévaux,* Paris, 1969–

Cah. numism. = *Cahiers numismatiques,* Boulogne, 1964–

Débat = *Le Débat. Histoire, politique, société,* Paris, 1980–

Et. médiévales = *Etudes médiévales: archéologie et histoire,* Saverne, 1983–

France généal. = *La France généalogique,* Paris. Aufgegangen in: *Héraldique et généalogie*

Francia. Forschungen zur westeuropäischen Geschichte, München/Zürich 1973–. Mit Beiheften

Gaz. Arch. = *La Gazette des Archives,* Paris, 1933–

Gaz. livre médiéval = *Gazette du livre médiéval,* Paris, 1982–

Généal. et Hist. = *Généalogie et histoire,* Irigny, 1979–

Héraldique et Généal. = *Héraldique et généalogie,* Paris, 1969–. Darin aufgegangen: *La France généalogique* und *Bulletin généalogique d'information*

Hist., Econ., Soc. = *Histoire, économie et société,* Paris, 1983–

Histoire = *L'Histoire,* Paris, 1978–

IB = *Informationsblätter,* Französische Botschaft. Regierungsoffizielles Organ mit Beiträgen zu Politik, Wirtschaft, Kultur, Bonn, 1957–1980

Inf. généal. = *Informations généalogiques,* Saint-Gervais-la-Fôtret, 1975–

Inf. hist. = *L'Information historique,* Paris, 1938–

Légitimité = *La Légitimité. Politique – histoire – littérature,* Paris, 1981–

lendemains = *Lendemains. Zeitschrift für Frankreichforschung und französisches Studium,* Berlin, 1975–

Lettres Inf. Inst. Hist. moderne et contemporaine = *Institut d'histoire moderne et contemporaine. Lettres d'information,* Paris, 1980–

MA = *Le moyen âge. Revue* [bis Bd. 10: *Bulletin mensuel*] *d'histoire et de philologie,* Brüssel, 1888–

Matériaux. Hist. notre temps = *Matériaux pour l'histoire de notre temps,* Nanterre, 1985–

Médiévales, Saint-Denis, 1982–

Mouvement social, Paris, 1951–

Pénélope. *Pour l'histoire des femmes,* Paris 1979–85

PHS = *Pariser Historische Studien*,, Stuttgart, 1(1962)–7(1968); Bonn, 8(1969)–

R. franç. généal. = *La Revue française de généalogie*, Revigny 1979–

RHE = *Revue d' histoire ecclésiastique*, Louvain, 1900–

R. H. = *Revue historique*, Paris, 1876–

R. Hist. diplomatique = *Revue d' histoire diplomatique*, Paris, 1887–

R. Hist. moderne = *Revue d' histoire moderne et contemporaine*, Paris, 1(1954)–. Vorläuferin: *Revue d' histoire moderne*, Paris, 1(1926)–15(1940)

R. Moyen Age latin = *Revue du Moyen Age latin*, Strasbourg, 1945–

R. numism. = *Revue numismatique*, Paris, 1936–. Mehrere neue Folgen; Sér. 6, 1958–

Rech. médiévales = *Recherches médiévales*, Reichstett 1983–

Sci. hist. = *La Science historique*. Darin aufgegangen: *Dossier de la petite histoire*, 1921-70. Mit Unterbrechungen, neuen Zählungen und wechselnden Nebentiteln

2.3 Studienführer für Frankreich

Centre national des œuvres universitaires et scolaires (CNOUS) (ed.), *Je vais en France*, laufende Neuauflagen

Deutscher Akademischer Austauschdienst (DAAD; Adresse → 3.1) (ed.), *Studienführer Frankreich*, laufende Neuauflagen

Deutscher Akademischer Austauschdienst (DAAD; Adresse → 3.1) (ed.), *Französisch, Sommer-Sprachkurse an Hochschulen. Frankreich, Belgien, Schweiz*, laufende Neuauflagen

3. Adressen

3.1 Bundesrepublik

Deutsch-Französisches Institut
Asperger Straße 34
7140 Ludwigsburg
Deutsch-Französisches Jugendwerk (DFJW)
Rhöndorfer Straße 23
5340 Bad Honnef 1
Deutscher Akademischer Austauschdienst (DAAD)
Kennedyallee 50
5300 Bonn 2
Deutsches Büro des *CNRS* (*= Centre national de la recherche scientifique*) im Bonner Wissenschaftszentrum
Ahrstraße 45
5300 Bonn 2
Mission historique française en Allemagne am Max-Planck-Institut für
Geschichte in Göttingen
Hermann-Föge-Weg 12
3400 Göttingen

3.2 Frankreich

Archives nationales
Bibliothèque
60, rue des Francs-Bourgeois
F-75141 Paris Cedex 03
Bibliothèque nationale (BN)
58, rue Richelieu
F-75084 Paris Cedex 02
Centre d'Information et de Recherche sur l'Allemagne Contemporaine (CIRAC)
9, rue de Téhéran
F-75008 Paris

Deutsches Historisches Institut Paris (DHIP)/Institut historique allemand de Paris (IHAP)
Bibliothèque
9, rue Maspéro
F-75116 Paris
Goethe-Institut
Centre culturel allemand
Bibliothèque
17, avenue d'Iéna
F-75116 Paris
Institut des hautes études européennes
8, rue des Écrivains
F-67081 Strasbourg
Ministère de la Culture et de la Communication
Direction des Archives de France
60, rue des Francs-Bourgeois
F-75141 Paris Cedex 03
Ministère de l'Éducation Nationale
Direction générale des enseignements supérieurs et de la recherche
Bureau DESUP/14
61, rue Dutot
F-75732 Paris Cedex 15
Ministère des Relations Extérieures
Direction générale des relations culturelles, scientifiques et techniques
Bureau de la formation des français à l'étranger
34, rue La Pérouse
F-75116 Paris Cedex 16
Office franco-allemand pour la jeunesse (OFAJ)
51, rue de l'Amiral-Mouchez
F-75013 Paris

3.3 Hinweise auf weitere Adressen

DHIP (ed.), *Deutsches Historisches Institut/Institut historique allemand, Paris 1958–1983,* Paris 1983
Lengenfelder, H. (ed.), *World Guide to Libraries/Internationales Bibliotheks-Handbuch,* München usw.: Saur [9]1989

FRANKREICH-LEXIKON

Schlüsselbegriffe zu Wirtschaft, Gesellschaft, Politik, Geschichte, Kultur, Presse- und Bildungswesen

von Bernhard Schmidt, Jürgen Doll, Walther Fekl, Siegfried Loewe

Band I:

ACADÉMIE – JOURS DE FRANCE

372 Seiten, DIN A 5, kartoniert, DM 39,–, ISBN 3 503 01207 9
Grundlagen der Romanistik, Band 7

Band II:

LAÏCITÉ – ZONE FRANC

563 Seiten, DIN A 5, kartoniert, DM 68,–, ISBN 3 503 01694 5
Grundlagen der Romanistik, Band 13

Dieses enzyklopädische Nachschlagewerk enthält in alphabetischer Folge über 600 Artikel, darunter

- **alle wichtigen politischen Parteien, Gewerkschaften und Institutionen**
- **alle seit dem Ancien Régime wichtigen historischen Abschnitte und revolutionären Einschnitte**
- **gesellschaftliche Kräfte/Institutionen**
- **die Welt der Wirtschaft**
- **kulturelle Strömungen/Institutionen**
- **alle großen Medieneinrichtungen und Presseorgane**
- **alle wichtigen Einrichtungen des Bildungswesens**

Damit wird eine einmalige Informations- und Nachschlagemöglichkeit geboten. Alle für die Frankreichkunde wichtigen Begriffe sind erfaßt und in den lexikalischen Artikeln erklärend behandelt,
wobei der Blick überall auch auf die geschichtlichen Zusammenhänge gelenkt wird. Der Schwerpunkt liegt auf Wirtschaft, Politik und Gesellschaft des zeitgenössischen Frankreich. Einen besonderen Informationswert haben die beigegebenen Adressenangaben und weiterführenden Literaturhinweise. Die umfangreichen Anhänge im Band II bieten mit Karten, tabellarischen Übersichten und einer thematisch gegliederten Bibliographie zusätzliche Arbeitshilfen.

Dieses bewährte, Frankreich-Lexikon trägt dazu bei, allen Frankreich-Interessierten einen direkten Zugang zu unserem Nachbarland zu ermöglichen. Es richtet sich ebenso an Historiker und Philologen wie an Sozialwissenschaftler, Bildungsforscher, Politiker, Journalisten, Lehrer, Studenten und Schüler. Das zweibändige Werk bietet eine unverzichtbare Arbeitsgrundlage.

Erich Schmidt Verlag
Berlin · Bielefeld · München

Was ist Vollkorn?

Die Bezeichnung »Vollkorn« umfaßt alle naturbelassenen Getreidesorten und die daraus hergestellten Produkte. Vollgetreide enthält besonders in den wertvollen Randschichten und im Keimling für unseren Körper notwendige Wirk- und Funktionsstoffe. Je nach Getreideart sind die folgenden Inhaltsstoffe in unterschiedlicher Kombination enthalten: viel körperaufbauendes Eiweiß, energieliefernde und ballaststoffhaltige Kohlenhydrate, stoffwechselregelnde Fette, Vitamine und Mineralstoffe. Der Mehlkörper im Inneren des Getreidekorns besteht aus Stärke und Klebereiweiß (Gluten), die in erster Linie für gute Backeigenschaften verantwortlich sind.

Aus der großen Getreidevielfalt habe ich für die Rezepte diejenigen ausgewählt, die mir aufgrund ihrer spezifischen Inhaltsstoffe und ihrer küchentechnischen (Verarbeitungs-) Möglichkeiten besonders wertvoll erschienen:

Dinkel ist mein persönlicher Vollkorn-Getreide-Favorit. Er wird heute von vielen als das wertvollste Getreide angesehen, da er eine besonders günstige Zusammensetzung der Inhaltsstoffe enthält. Der Dinkel, eine alte Kulturform des Weizens, wird beim Anbau wenig bearbeitet. Er ist eine robuste Pflanze, die kaum krankheitsanfällig ist und keine starke Düngung verträgt. Daher ist der Dinkel ganz besonders für den biologischen Anbau geeignet! Außerdem ist das Korn fest von Spelzen umschlossen, die nach dem Dreschen in einem separaten Arbeitsgang entfernt werden müssen. Es können sich also keine Schadstoffe aus der Luft auf den Körnern ablagern! Dinkel schmeckt nußartig, enthält mehr Klebereiweiß als Weizen und läßt sich feiner ausmahlen, da er eine zarte und leicht wasserlösliche Faserstruktur besitzt. Wegen dieser Eigenschaft hat man mit Dinkel in der Diätkost sehr gute Erfahrungen gemacht. Dinkel ist für alle Arten von Getreidezubereitungen geeignet, besonders für Feingebäck, Brote, Nudeln, Spätzle und Pfannkuchen.

Grünkern ist unreif geernteter und über Holzfeuer gedarrter Dinkel. Sie können ihn sehr gut für Suppen, Salate, Aufläufe oder Bratlinge verwenden.

Weizen schmeckt mild und wird aufgrund seines hohen Klebergehaltes vorwiegend für Brot und Backwaren verwendet. Hartweizen enthält weniger Klebereiweiß als Weichweizen und eignet sich daher weniger gut zum Backen. Hartweizen ist jedoch wegen seiner grießartigen Konsistenz ganz hervorragend für die Herstellung von Teigwaren geeignet. *Couscous* oder *Bulgur* sind grießartige Produkte aus Hartweizen. Dafür wird Hartweizen vorgekocht oder gedämpft, dann getrocknet und mittelgrob vermahlen. Durch diese Vorbehandlung haben Couscous und Bulgur eine kurze Garzeit von nur 5–15 Minuten und eignen sich daher sehr gut für schnelle Eintöpfe mit Gemüse.

Hafer wird als Nackthafer spelzenfrei gezüchtet. Er enthält besonders große Mengen an Nähr- und Wirkstoffen. Sein Geschmack ist mild und

Bei Getreidefans besonders beliebt und vielseitig zu verwenden: Grünkern, Dinkel und Weizen.

Hafer ist sehr fettreich und wird daher oft als »Kraftnahrung« bezeichnet.

aromatisch. Ich verwende ihn vor allem für Müslis, Suppen und Klöße und als »Aufsaugmittel« für saftige Kuchen. Er sorgt zum Beispiel bei Kuchen mit sehr saftigen Früchten dafür, daß er nicht durchweicht.

Hirse enthält als besondere Inhaltsstoffe Fluor und Silicium. Sie schmeckt mild und eignet sich daher gleichermaßen gut für süße und pikante Gerichte. Hirse ist glutenfrei.

Naturreis enthält wie jedes Vollgetreide noch die wertvollen Inhaltsstoffe des ganzen Korns. Als Mehl oder in Flokkenform ist Reis ein gutes Dickungsmittel für Saucen. Reis ist glutenfrei.

Auf dem Bild unten links sehen Sie Amaranth, darunter Mais unsd Maisgrieß. Neben Amaranth sind Buchweizen, Naturreis und Hirse zu sehen.

Mais kann milchreif als Gemüsemais oder ausgereift verwendet werden. Er wird im Haushalt am besten als Maisgrieß verarbeitet, da sich die harten und großen Körner nur in wenigen Haushaltsgetreidemühlen vermahlen lassen. Mais schmeckt mild und ist daher für süße und pikante Gerichte verwendbar. Das Maiseiweiß wird sehr gut aufgewertet, wenn Sie Mais zusammen mit Hülsenfrüchten servieren. Mais ist glutenfrei.

Buchweizen ist, botanisch gesehen, kein Getreide, son-

dern ein Knöterichgewächs. Er wird aber trotzdem zu den Getreiden gezählt, da er sich wie Getreide verwenden läßt. Buchweizen schmeckt nußartig aromatisch und läßt sich gut für Bratlinge, Eintöpfe, Aufläufe und Gebäck verwenden.

Amaranth ist ein getreideähnliches Gewächs aus Südamerika mit einem sehr hohen ernährungsphysiologischen Wert. Amaranth ähnelt in seinem Nährwert der Milch. Er kann daher sehr gut bei Milchunverträglichkeit verwendet werden.

Wo kaufen?

Vollgetreide können Sie im Naturkostladen oder auch direkt beim Bauern kaufen. Getreide sollte möglichst aus kontrolliert-ökologischem Anbau stammen. Achten Sie auf das Warenzeichen eines anerkannten Verbands des ökologischem Landbaus trägt, zum Beispiel »Demeter«, »Bioland«, »Biokreis Ostbayern«, »Biodyn« oder »ANOG«. Beim Einkauf sollten Sie vor allem auf gut gereinigtes Getreide achten. Es darf keine Steine, Unkrautsamen oder gar Mutterkorn enthalten. Mutterkorn ist ein durch Pilzbefall verändertes Getreidekorn, das in größeren Mengen giftig wirkt. Sie können es jedoch gut erkennen, denn das schwarze Mutterkorn ist größer als ein normales Getreidekorn, allerdings kann es auch in kleine Stücke zerbrochen sein. Innen ist es weiß. Um ganz sicher zu gehen, daß sich keine Fremdkörper im Getreide befinden, sollten Sie die Körner zur Sichtprobe in eine Schüssel schütten. Dieser geringe Zeitaufwand lohnt sich, auch wenn Sie nur ein Steinchen finden, das eventuell Ihrer Getreidemühle oder Ihren Zähnen geschadet hätte. Lassen Sie sich aber keinesfalls durch einseitige Zeitungsberichte über mögliche Verunreinigungen davon abhalten, Getreidegerichte auf ihren Speisezettel zu bringen. Es wäre zu schade, auf dieses Top- Lebensmittel zu verzichten!

Aufbewahrung ohne Probleme

Getreide ist eine »Naturkonserve«, als ganze Körner können Sie es problemlos über Monate oder sogar Jahre lagern. Wichtig ist nur, daß der Lagerort trocken, kühl, dunkel, luftig und vor Fremdgerüchen geschützt ist. Die ideale Lagertemperatur liegt zwischen 10° und 15°. Doch auch bei normalen Zimmertemperaturen können Sie Getreide in kleineren Mengen einige Monate lagern, wenn Sie folgendes beachten: Wichtig ist, daß das Getreide absolut trocken ist, damit es nicht schimmelt und ab und zu durchbewegt oder -geschüttelt wird, damit

es »atmen« kann. Ob die Körner ausreichend trocken sind, können Sie ganz einfach testen, indem Sie ein Korn mit einem Löffel oder Messerrücken auf einer harten Unterlage zerdrücken: Knackt es hörbar und springt es weg, ist das Korn gut trocken. Läßt es sich zu einer »Flocke« zerdrücken oder schmiert es, ist es zu feucht. In diesem Falle sollten Sie das Korn vor der Aufbewahrung in geschlossenen Behältern in der Sonne oder im Backofen bei niedrigster Temperatur trocknen. Als Behälter für Getreide eignen sich Gläser mit Deckeln oder Korkverschlüssen, möglichst aus dunklem Glas oder im Dunkeln aufbewahrt. Gut geeignet sind auch Säckchen aus Baumwoll- oder Leinenstoff (möglichst doppellagig), die man ganz einfach selbst herstellen kann. Ferner können Sie auch Behälter aus unbehandeltem Holz für die Lagerung von größeren Getreidemengen verwenden. Kleine Getreidemengen können Sie selbstverständlich auch in der Papierverpackung aufbewahren. Sollten sich trotz aller Vorsicht in Ihrem Getreide einmal vereinzelt Insekten wie Kornkäfer, Mehlmotten oder Mehlmilben entwickeln, so können Sie diese entweder durch Kühlen des Getreides auf −15° bis −18° für etwa 24 Stunden, beziehungsweise durch Erhitzen der Körner vernichten. Getreide, das von Schädlingen befallen war, sollte allerdings nicht mehr roh verzehrt werden.

In geeigneten Gefäßen läßt sich Getreide jahrelang lagern. Verwenden Sie am besten Baumwoll- und Leinensäckchen oder Glasbehälter mit Korkverschlüssen. Auch unbehandeltes Holz ist ein gutes Material für die Getreidelagerung.

7

Getreidemühle, ja oder nein?

Getreide kann nicht nur als ganzes Korn, sondern auch gemahlen zubereitet werden. Sie können das Getreide beim Kauf im Reformhaus oder Naturkostladen mahlen lassen. Wenn Sie jedoch häufiger Vollkorngerichte zubereiten wollen, lohnt sich die Anschaffung einer elektrischen Getreidemühle. Sie sind dadurch unabhängig von Ladenöffnungszeiten und können das Getreide auch immer mit dem vollen Wirkstoffgehalt verarbeiten; denn frisch gemahlenes Vollgetreide sollte man nicht zu lange aufbewahren. Getreidemühlen gibt es in unterschiedlichen Ausführun-

gen: als Handmühle, als Mühle mit elektrischem Antrieb und als preiswerte Vorsatzgeräte zu Küchenmaschinen und elektrischen Gemüseraffeln. Das Mahlwerk der Mühlen kann aus Stahl, Stein oder Keramik bestehen. Wesentliche Unterschiede der einzelnen Typen hinsichtlich der Mahlergebnisse konnten in Untersuchungen nicht festgestellt werden. Achten Sie darauf, ob sich das Mahlwerk leicht zerlegen läßt, damit Sie die Mühle leicht reinigen können.

Getreide muß quellen

Damit die Inhaltsstoffe des Getreides vom Körper gut ausgenutzt werden können, müssen die Körner beziehungsweise der Schrot oder das Mehl aufquellen. Dies erreicht man sowohl durch Einweichen wie auch durch Kochen. Durch Einweichen gequollenes Getreide, wie es zum Beispiel beim Frischkornmüsli der Fall ist, ist besonders wirkstoffreich. Meist wird Getreide jedoch aus Zeit- oder Geschmacksgründen durch

Für welche Getreidemühle Sie sich entscheiden, hängt vor allem von der Größe Ihrer Familie ab. Lassen Sie sich im Fachhandel beraten, welche Mühle ihren Bedürfnissen am besten entspricht.

Spar-Gar-Box:
Spart Energie: Die Spar-Gar-Box
hält die nötige Hitze zum Quellen

Form ausstreuen: Bei feuchten Tei-
gen und Hefeteig sollten Sie die
Form ausstreuen.

Garen ausgequollen. Ganze Getreidekörner sollten Sie vor dem Kochen einige Stunden in Wasser einweichen, damit die Garzeit nicht so lange ist. Wenn Sie die Körner vor dem Einweichen kurz aufkochen lassen, geht das Quellen schneller. Nach der Einweichzeit kocht man die Körner im Einweichwasser auf und läßt sie zugedeckt bei schwacher Hitze weiterkochen. Die Garzeiten hängen von der Dauer des Einweichens, von der Qualität und dem Alter des Getreides ab. So kann es sein, daß die Garzeiten für die gleiche Getreideart von Jahr zu Jahr kleine Unterschiede aufweisen. Wenn Sie kleinere Getreidemengen zubereiten möchten als in den Rezepten angegeben, brauchen Sie prozentual etwas mehr Flüssigkeit. Bei zu großer Hitze oder wenn Sie den Deckel beim Kochen häufig abnehmen, verdunstet mehr Flüssigkeit. Diese sollten Sie immer ersetzen.

Tips zum Kochen und Backen

• Wiegen Sie die Zutaten immer ab. Ein Meßbecher ist für die Vollkornküche zu ungenau, da zum Beispiel Weizenkörner ein anderes Raummaß haben als Weizenmehl.

• Zum Kochen eignen sich am besten Töpfe mit dichtschließenden Deckeln, bei denen die Deckelkanten in das Innere des Topfes ragen. Dadurch kann nur wenig Kochwasser verdunsten.

• Sehr praktisch und energiesparend ist die »Spar-Gar-Box«, ein Styroporgehäuse, in das ein Edelstahltopf mit dichtschließendem Deckel genau hineinpaßt. Die Körner werden je nach Sorte 3–5 Minuten angekocht, dann stellt man den Topf in die Box. Jetzt kann das Getreide je nach Sorte 20–60 Minuten darin »weiterköcheln« beziehungsweise ausquellen. Wenn nach der angegebenen Zeit

nicht alle Körner gleichmäßig aufgequollen sind, geben Sie noch etwas Zeit dazu.

• Eine ähnliche »Kochkiste« kann man sich aus Dämmaterial leicht selbst herstellen.

• Wenn Sie einen Dampfdrucktopf mit Schonstufe oder ein Dampfgargerät besitzen, können Sie das Getreide gut darin garen. Dabei werden die Körner mit knapp der doppelten Menge Flüssigkeit in einen ungelochten Einsatz gegeben. Die Garzeit im Dampf (ohne Druck) entspricht der in den Rezepten angegebenen Gesamtkochzeit. Die Körner danach im Gerät noch etwas nachquellen lassen.

• Gekochte Körner haben etwa das 2 1/2-fache Gewicht der trockenen Körner.

• Bei Getreide mit langer Kochzeit, lohnt es sich, die doppelte Menge zu kochen und einen Teil im Kühlschrank oder Gefriergerät aufzuheben.

• Die Flüssigkeitsmengen sind oft in ccm angegeben. Wenn Sie keinen Meßbecher haben, wiegen Sie die Flüssigkeit ab: 1 ccm entspricht etwa 1 g.

• Achten Sie auf die Größe der Eier. In den Rezepten habe ich Eier der Handelsklasse 3 und 4 verwendet.

• Fetten Sie (außer bei fetthaltigen Mürbeteigen) auch beschichtete Formen ein. Zum Einfetten eignet sich Butter am besten. Bei sehr feuchten Teigen sowie bei Hefeteigen sollten Sie die Form oder das Blech zusätzlich mit Kleie oder Mehl ausstreuen.

Knuspermüsli mit Himbeeren

Die Knuspermischung schmeckt auch sehr gut in anderen Müsli-Varianten. Sie können Sie für ein paar Tage im voraus zubereiten und in einem Schraubglas aufbewahren.

Zutaten für 4 Personen:
80 g Nackthafer, grob geschrotet
80 ccm Milch, Wasser oder
Apfelsaft
20 g Butter
50 g beliebige Nüsse oder Sonnenblumenkerne, grob gehackt
60 g Hafer-, Dinkel- oder Weizenflocken
20 g Buchweizen
1 große Banane
250 g Himbeeren
nach Belieben:
1 Teel. Zuckerrohrgranulat oder Honig

Raffiniert

Pro Portion etwa:
1400 kJ/330 kcal
9 g Eiweiß · 14 g Fett
39 g Kohlenhydrate
7 g Ballaststoffe

• Dauert insgesamt etwa
  35 Minuten

1. Den Schrot mit der Milch, dem Wasser oder Saft übergießen, 30 Minuten quellen lassen.

2. Inzwischen die Butter in einer Pfanne erhitzen. Die Nüsse, die Flocken und den Buchweizen unter ständigem Bewegen darin bei mittlerer Hitze leicht anrösten. Die Mischung etwas abkühlen lassen.

3. Die Banane schälen, kleinschneiden und unter den Frischkornbrei rühren. Die Himbeeren mit Wasser überbrausen und abtropfen lassen.

4. Die Knuspermischung und eventuell das Granulat oder den Honig einrühren. Die Hälfte der Himbeeren vorsichtig unterheben. Die restlichen Himbeeren darauf verteilen.

Cremiges Dinkelmüsli

Zutaten für 4 Personen:
120 g Dinkel, fein bis mittelgrob gemahlen
600 ccm Milch (oder halb Milch halb Wasser)
1 Messerspitze Zimtpulver
nach Belieben 1 Messerspitze Galgantpulver (siehe Tip)
1–2 Äpfel
1 Banane oder 2 Eßl. Rosinen
50–100 g beliebige Beeren oder andere Früchte, je nach Jahreszeit
2 Eßl. Mandeln, frisch gehackt

Für Ungeübte • Schnell

Pro Portion etwa:
1300 kJ/310 kcal
11 g Eiweiß · 12 g Fett
6 g Kohlenhydrate
18 g Ballaststoffe

• Dauert insgesamt etwa
  30 Minuten

1. Das Dinkelmehl in einem Topf mit der Milch oder dem Wasser verrühren. Etwa 15 Minuten quellen lassen.

2. Den Dinkel dann bei schwacher Hitze unter gelegentlichem Rühren 3–5 Minuten kochen lassen. Mit dem Zimt und eventuell dem Galgant würzen und beiseite stellen.

3. Die Äpfel gründlich waschen und mit der Schale auf einer mittelgroben Reibe auf den Brei reiben oder in kleine Stückchen schneiden und sofort unterrühren.

4. Die Banane schälen, längs vierteln und würfeln. Die Banane oder die Rosinen in die Masse rühren.

5. Die Beeren oder anderen Früchte waschen und gegebenenfalls kleinschneiden, dann auf dem Müsli verteilen. Die Mandeln darüber streuen.

Tip!

Galgant ist ein altes, heute wieder entdecktes Gewürz aus der Familie der Ingwergewächse, das in der Ganzheitsmedizin als Heilmittel große Bedeutung hat. Man sagt ihm nach, es wirke günstig auf Herz und Kreislauf, entzündungshemmend und krampflösend.

Im Bild vorne: Knuspermüsli mit Himbeeren
Im Bild hinten: Cremiges Dinkelmüsli

Blattsalat mit Dinkel und Käse

Dieser Salat ist ein leichtes, sommerliches Mittag- oder Abendessen. Er kann natürlich auch mit anderen Getreidearten wie zum Beispiel Weizen, Hafer oder Gerste zubereitet werden.

Zutaten für 4 Personen:
100 g Dinkel
200 ccm Wasser
Salz
1/2 Teel. Miso oder Sojasauce
2 Eßl. Obstessig
1 Eßl. Zitronensaft
1 Teel. Senf
2 Eßl. kaltgepreßtes, nicht raffiniertes Sonnenblumenöl
1 Eßl. Crème fraîche oder Sahne
weißer Pfeffer, frisch gemahlen
1 Kopf Blattsalat, zum Beispiel Lollo Rosso oder Eissalat
1/4 Salatgurke
1 mittelgroße Möhre
1 Apfel
1 Frühlingszwiebel oder 1 Bund Schnittlauch
50 g Emmentaler oder Parmesan
25 g Sonnenblumen- oder Kürbiskerne, nach Belieben frisch geröstet

Für Gäste

Pro Portion etwa:
1400 kJ/330 kcal
11 g Eiweiß · 21 g Fett
24 g Kohlenhydrate
26 g Ballaststoffe

- Dauert insgesamt etwa 3 Stunden
- Einweichzeit: 2–3 Stunden

1. Den Dinkel verlesen, mit dem Wasser in einen kleinen Topf geben und zugedeckt 2–3 Stunden einweichen.

2. Die Körner mit 1 Prise Salz und dem Miso oder der Sojasauce 2–3 Minuten aufkochen, dann zugedeckt bei schwacher Hitze 20–30 Minuten ausquellen lassen.

3. Für die Marinade den Essig, den Zitronensaft, den Senf, das Öl und die Crème fraîche oder Sahne in einer Salatschüssel verrühren. Mit Salz und Pfeffer abschmecken.

4. Die Salatblätter waschen, in mundgerechte Stücke zerteilen und in einem Sieb abtropfen lassen.

5. Die Gurke und die Möhre waschen und gegebenenfalls dünn schälen. Die Gurke und die Möhre mittelgrob in die Schüssel raspeln. Die Hälfte der Dinkelkörner einrühren.

6. Den Apfel waschen, mit einem Tuch abreiben, vierteln, das Kerngehäuse ausschneiden und den Apfel in kleine Stücke schneiden. Die Frühlingszwiebel waschen, von den Wurzeln befreien und in feine Ringe schneiden. Oder den Schnittlauch waschen und feinschneiden. Den Apfel und die Hälfte der Zwiebel oder des Schnittlauchs unter den Salat mischen.

7. Den Käse reiben oder in kleine Würfel schneiden.

8. Den Käse, die Sonnenblumen- oder Kürbiskerne und die Salatblätter untermischen. Die restlichen Körner, die Zwiebel oder den Schnittlauch darüber streuen.

Variante:

Der Salat schmeckt auch mit Erdbeeren und Melone sehr gut. Den Apfel und die Möhre in diesem Fall weglassen. Und statt der Frühlingszwiebel oder des Schnittlauchs schmeckt Zitronenmelisse besonders gut.

Tip!

Kochen Sie gleich eine größere Menge Getreide, dann sind dieser und andere Salate sehr schnell zubereitet. Anstelle von 100 g ungegarten Körnern brauchen Sie dann etwa 250 g gekochtes Getreide. Vorgekochte Körner können Sie immer sehr vielseitig verwenden: außer für Salate zum Beispiel auch für Bratlinge, Suppen oder für ein Müsli!

Wenns draußen heiß ist, schmeckt er besonders gut: Der frische Salat mit den aromatischen Dinkelkörnern.

Grünkernsalat mit Käse und Trauben

Diesen Salat können Sie auch gut mit Weizen oder Dinkel zubereiten. Wenn Sie Zeit haben, sollten Sie den Grünkern 1–2 Stunden vor dem Kochen einweichen. Die Garzeit verkürzt sich dann um etwa 10 Minuten.

Zutaten für 4 Personen:

200 g Grünkern

400 ccm Wasser

Salz

1 Teel. Sojasauce

2–3 Eßl. Zitronensaft

1 Eßl. kaltgepreßtes, nicht raffiniertes Sonnenblumenöl

2–3 Eßl. Joghurt

100 g Emmentaler oder Parmesan

1 Birne

250 g Trauben

5–6 Blättchen Zitronenmelisse

Raffiniert
Für Ungeübte

Pro Portion etwa:
1600 kJ/380 kcal
14 g Eiweiß · 15 g Fett
48 g Kohlenhydrate
6 g Ballaststoffe

- Dauert insgesamt etwa 1 Stunde

1. Den Grünkern verlesen, mit dem Wasser, 1 Prise Salz und der Sojasauce in einen Topf geben und zum Kochen bringen. Den Grünkern etwa 5 Minuten leicht kochen, dann bei schwacher Hitze in 40–45 Minuten ausquellen lassen. Danach zum Auskühlen in eine Schüssel geben.

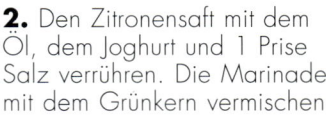

2. Den Zitronensaft mit dem Öl, dem Joghurt und 1 Prise Salz verrühren. Die Marinade mit dem Grünkern vermischen.

3. Den Käse in etwa 1 cm große Würfel schneiden. Die Birne und die Trauben waschen. Die Birne vierteln, vom Kerngehäuse befreien und fein würfeln. Die Trauben halbieren und gegebenenfalls entkernen.

4. Den Käse, die Birne und die Trauben mit dem Grünkern vermischen. Den Salat mit Salz und eventuell noch etwas Zitronensaft abschmecken. Die Zitronenmelisseblättchen darüber streuen.

Südländischer Weizensalat »Taboule«

In diesen interessanten Sommersalat passen auch gewürfelte grüne Paprikaschoten und Schafkäse sehr gut. Er eignet sich übrigens auch zum Mitnehmen, zum Beispiel für ein Picknick oder für das Mittagessen am Arbeitsplatz.

Zutaten für 4 Personen:
400–450 ccm Wasser
20 g Butter
Salz
1 Teel. Sojasauce
200 g Couscous oder Bulgur
4 Eßl. Zitronensaft
schwarzer Pfeffer, frisch gemahlen
4 Eßl. kaltgepreßtes, nicht raffiniertes Olivenöl
1 Knoblauchzehe
1 Schalotte
4 Tomaten
1/2 Gurke
4 grüne Oliven
4 schwarze Oliven
1 Bund Zitronenmelisse
1 Bund Petersilie

Für Gäste

Pro Portion etwa:
1900 kJ/450 kcal
7 g Eiweiß · 27 g Fett
43 g Kohlenhydrate
10 g Ballaststoffe

- Dauert insgesamt etwa 30 Minuten

1. Das Wasser mit der Butter, etwa 1 Teelöffel Salz und der Sojasauce zum Kochen bringen. Den Couscous oder den Bulgur einrühren und zugedeckt auf der ausgeschalteten Platte oder bei schwacher Hitze in etwa 15 Minuten ausquellen lassen.

2. Inzwischen in einer Salatschüssel den Zitronensaft mit 1 Prise Salz, Pfeffer und dem Öl verrühren. Die Knoblauchzehe und die Schalotte fein schneiden und einrühren.

3. Die Tomaten waschen und in Würfel oder Spalten schneiden, dabei den Strunkansatz entfernen. Die Gurke waschen und gegebenenfalls schälen, dann in 1/2 cm kleine Würfel schneiden. Die Oliven fein schneiden. Die Kräuter abspülen, trockenschütteln und fein hacken. Alle Zutaten in die Schüssel geben.

4. Den Couscous oder den Bulgur mit zwei Gabeln lockern, zu den anderen Zutaten in die Schüssel geben und alles vermischen. Den Salat abschmecken. Wenn nötig, noch etwas Zitronensaft, Salz und Olivenöl einrühren. Den Salat möglichst etwas durchziehen lassen.

Gemüsebrühe mit Grießklößchen

Zutaten für 4 Personen:

40 g weiche Butter

1 Ei

100 g Dinkel oder Weizen, fein gemahlen oder Vollkorngrieß

50 g Hartkäse, frisch gerieben

50 g Quark

4 Eßl. Petersilie, frisch gehackt

Salz

Muskatnuß, frisch gerieben

1 l Gemüsebrühe

Schnell • Für Gäste

Pro Portion etwa:
1100 kJ/260 kcal
11 g Eiweiß · 15 g Fett
18 g Kohlenhydrate
3 g Ballaststoffe

- Dauert insgesamt etwa 20 Minuten

1. Die Butter, das Ei, das Mehl oder den Grieß, den Käse, den Quark und die Hälfte der Petersilie in einer kleinen Schüssel verrühren. Mit Salz und Muskat würzen.

2. Die Gemüsebrühe zum Kochen bringen.

3. Aus der Grießmasse mit einem kleinen Löffel ovale Klößchen abstechen oder kleine Kugeln formen. Diese in die kochende Brühe geben. Die Klößchen bei schwacher Hitze 5 Minuten darin ziehen lassen. Die restliche Petersilie über die Suppe streuen.

Hirsesuppe mit Sprossen

Verwenden Sie für diese Suppe unbedingt frische Mungobohnensprossen. Sie können diese in Gemüsegeschäften, in Naturkostläden und Reformhäusern kaufen oder in 4–5 Tagen selbst ziehen.

Zutaten für 4 Personen:

100 g Hirse

1 1/4 l Gemüsebrühe

1 Knoblauchzehe

1 Schalotte

Salz

Muskatnuß, frisch gerieben

200 g Mungobohnensprossen (45 g ungekeimt)

40 g Butter

50 g Sahne

1 Bund Petersilie, frisch gehackt

Schnell • Für Ungeübte

Pro Portion etwa:
1000 kJ/240 kcal
7 g Eiweiß · 15 g Fett
19 g Kohlenhydrate
4 g Ballaststoffe

- Dauert insgesamt etwa 35 Minuten

1. Die Hirse verlesen, in einem Sieb heiß abspülen. Dann mit der Gemüsebrühe in einem Topf zum Kochen bringen.

2. Die Knoblauchzehe und die Schalotte fein hacken und einrühren. Mit Salz und Muskat würzen.

3. Die Suppe zugedeckt bei mittlerer Hitze etwa 20 Minuten leicht kochen lassen.

4. Inzwischen die Sprossen verlesen und abspülen.

5. Wenn die Hirsekörner fast durchgequollen sind, die Sprossen in die Suppe geben und etwa 5 Minuten darin ziehen lassen. Falls zuviel Flüssigkeit verdampft ist, noch etwas Wasser nachgießen.

6. Die Suppe vom Herd nehmen, die Butter und die Sahne dazugeben. Die Suppe mit Salz und Muskat abschmecken, die Petersilie unterrühren.

Tip!

Gemüsebrühe ist in der Vollwertkost anstelle von Fleischbrühe eine wichtige Grundlage für Suppen und Saucen. Sie können Sie aus Konzentraten (Würfel, Paste oder gekörnte Brühe) schnell herstellen. Achten Sie beim Kauf darauf, daß die Gemüsebrühe keine gehärteten Fette enthält. Wenn Sie Zeit haben, können Sie die Brühe aus gemischten Gemüsesorten oder -abschnitten selbst zubereiten.

Im Bild vorne: Hirsesuppe mit Sprossen
Im Bild hinten: Gemüsesuppe mit Grießklößchen

Amaranth-Tomaten-Suppe

Zutaten für 4 Personen:
3/4 l Gemüsebrühe
1 Teel. Miso
500–600 g reife Tomaten
80 g gedarrte Amaranthsamen,
fein gemahlen (ersatzweise Reis,
fein gemahlen)
Salz
1 Prise Zuckerrohrgranulat
1 Bund Basilikum
40 g Butter
nach Belieben:
50 g Sahne

Raffiniert

Pro Portion etwa:
720 kJ/170 kcal
4 g Eiweiß · 14 g Fett
17 g Kohlenhydrate
3 g Ballaststoffe

• Dauert insgesamt etwa
 40 Minuten

1. Die Gemüsebrühe mit dem Miso zum Kochen bringen. Die Tomaten waschen und für 2–3 Minuten in den Topf legen; dann herausnehmen.

2. Das Amaranth- oder Reismehl in die Brühe streuen und alles etwa 5 Minuten bei mittlerer Hitze kochen lassen.

3. Die Haut der Tomaten abziehen und die Früchte würfeln, dabei den Stielansatz entfernen. Die Tomaten in die Suppe geben und 5 Minuten kochen lassen.

4. Die Suppe mit etwas Salz und dem Granulat würzen und abschmecken. Die Basilikumblätter waschen, fein hakken und über die Suppe streuen. Die Butter und eventuell die Sahne einrühren.

Dinkelcremesuppe mit Zuckerschoten

Anstelle der Zuckerschoten schmecken Perlerbsen oder auch andere Gemüsesorten. Dinkel eignet sich besonders gut für diese cremige Suppe, da er sich sehr fein ausmahlen läßt.

Zutaten für 4 Personen:
100 –150 g Zuckerschoten
1 kleine Möhre
100 g Champignons oder
Austernpilze
20 g Butter
60 g Dinkel oder Weizen,
fein gemahlen
1 l Wasser
1 Gemüsebrühwürfel
Salz
1 Prise Muskatnuß, frisch gerieben
50 g Sahne oder Crème fraîche
2–3 Eßl. Schnittlauch oder
Petersilie, frisch geschnitten

Raffiniert • Für Gäste

Pro Portion etwa:
620 kJ/150 kcal
4 g Eiweiß · 9 g Fett
13 g Kohlenhydrate
4 g Ballaststoffe

• Dauert insgesamt etwa
 40 Minuten

1. Die Zuckerschoten waschen, wenn nötig, die Fäden abziehen und die Schoten in 2 cm breite Stücke schneiden. Die Möhre waschen, gegebenenfalls schälen und in feine Streifen schneiden. Die Pilze kurz unter fließendem Wasser abspülen, putzen und in 2 mm feine Scheiben schneiden.

2. Die Butter in einem Topf aufschäumen lassen. Das Dinkel- oder Weizenmehl dazugeben und unter ständigem Bewegen bei mittlerer Hitze 2–3 Minuten anschwitzen.

3. Das Wasser angießen. Den Gemüsebrühwürfel, 1 Prise Salz und Muskat einrühren. Die Zuckerschoten, die Möhren und die Pilze dazugeben. Die Suppe bei mittlerer Hitze zugedeckt etwa 5 Minuten leicht kochen lassen.

4. Die Sahne oder die Crème fraîche einrühren. Die Suppe abschmecken. Die Kräuter einrühren.

Im Bild vorne: Dinkelcremesuppe mit Zuckerschoten
Im Bild hinten: Amaranth-Tomaten-Suppe

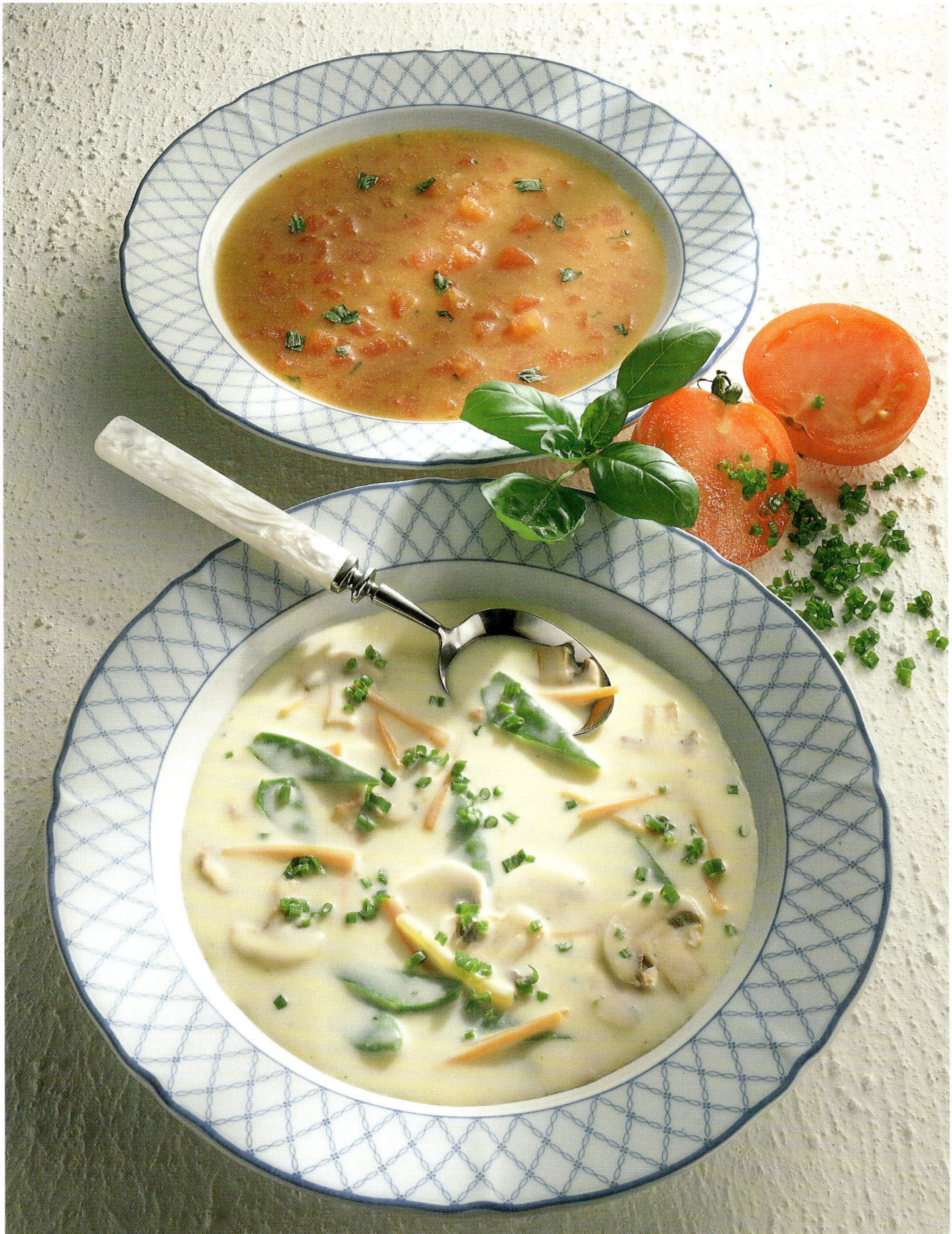

Linsencurry mit Getreide

Dieses fernöstlich inspirierte Getreide-Hülsenfrucht-Gericht hat eine besonders hochwertige Eiweißkombination!

Zutaten für 4 Personen:
200 g Reis, Hafer, Grünkern, Dinkel, Weizen oder Gerste
200 g Linsen
1 l abgekochtes oder entkalktes Wasser
1–2 große Zwiebeln
3–4 cm Ingwerknolle
4 Knoblauchzehen
4 Eßl. Butterschmalz oder kaltgepreßtes, nicht raffiniertes Olivenöl
2 Eßl. Curry
1 Prise Koriander, frisch gemahlen
1 Teel. gekörnte Gemüsebrühe
1 Teel. Miso
1 Teel. Sojasauce
Salz
50 g Mandeln oder Cashewkerne
2 Bananen
2 Eßl. Weizen-, Luzerne- oder Kressesprossen

**Für Gäste
Braucht etwas Zeit**

Pro Portion etwa:
2200 kJ/520 kcal
20 g Eiweiß · 28 g Fett
71 g Kohlenhydrate
10 g Ballaststoffe

- Dauert insgesamt etwa 3 Stunden
- Einweichzeit: 1– 2 Stunden oder über Nacht

1. Die Körner in einem Sieb abspülen und in eine Schüssel geben. Die Linsen verlesen, in stehendem Wasser waschen und oben schwimmende Hülsen entfernen. Die Linsen zu dem Getreide geben, das Wasser dazugießen und alles 1–2 Stunden oder über Nacht quellen lassen.

2. Die Zwiebeln fein würfeln. Die geschälte Ingwerknolle und die Knoblauchzehen in sehr feine Würfel schneiden.

3. Das Butterschmalz oder das Öl erhitzen und die Zwiebel darin glasig dünsten.

4. Den Ingwer, den Knoblauch und den Curry dazugeben. Bei schwacher Hitze 1–2 Minuten andünsten, bis sich das Aroma entwickelt.

5. Die eingeweichten Zutaten mit dem Einweichwasser dazugeben und alles einmal aufkochen lassen. Den Eintopf bei mittlerer Hitze 30–40 Minuten leicht köcheln lassen. Falls er zu stark kocht, noch Wasser nachgießen.

6. Überprüfen, ob die Körner und die Linsen weich sind. Ansonsten noch etwa 5 Minuten nachquellen lassen. Den Koriander, die Gemüsebrühe, das Miso und die Sojasauce einrühren. Mit Salz abschmecken.

7. Die Mandeln oder die Cashewkerne nach Belieben in einer Pfanne leicht anrösten.

8. Die Bananen schälen und in dünne Scheiben schneiden. Die Sprossen abspülen.

9. Das Curry in eine Schüssel oder auf Portionsteller geben. Mit den Bananenscheiben, den Mandeln oder den Cashewkernen und den Sprossen garnieren.

Tip!

Sprossen von Getreide und anderen Samen sind vor allem im Winter und Vorfrühling eine sehr gute Ergänzung der täglichen Kost. Durch Ankeimen werden die Nährwerte der Körner und Samen noch gesteigert. Zum Ankeimen von Körnern/Samen brauchen Sie ein Einmachglas, Plastik- Fliegengitter und Gummiringe oder spezielle Keimgefäße. Die Samen werden zuerst einige Stunden eingeweicht, dann in das Keimgefäß gefüllt. Danach an einen warmen und hellen, aber nicht sonnigen Platz stellen und täglich zweimal durchspülen. Weizen braucht 2–3 Tage, Luzerne und Kresse 3–8 Tage.

Durch die raffinierte Würze bekommt dieses hochwertige Vollkorngericht seine ganz besondere Note. Nüsse und Bananen runden es geschmacklich ab.

Gemüse mit Couscous

Zutaten für 4 Personen:

200 g Möhren

200 g Kohlrabi

40–50 g Butter

400 ccm Gemüsebrühe

200 g Erbsen

200 g Couscous oder Bulgur

Salz

2 Eßl. beliebige Kräuter,
frisch geschnitten

Preiswert • Schnell

Pro Portion etwa:
1400 kJ/330 kcal
10 g Eiweiß · 11 g Fett
48 g Kohlenhydrate
5 g Ballaststoffe

• Dauert insgesamt etwa
30 Minuten

1. Die Möhren waschen und gegebenenfalls schälen. Den Kohlrabi schälen. Beides in 2–3 mm feine Stifte schneiden.

2. Das Gemüse kurz in der Butter andünsten. Die Brühe angießen. Die Gemüsestifte bei mittlerer Hitze zugedeckt etwa 3 Minuten vorgaren.

3. Die Erbsen und den Couscous oder Bulgur einstreuen. Die Masse bei schwächster Hitze 8–10 Minuten köcheln lassen, ab und zu umrühren.

4. Den Couscous mit zwei Gabeln lockern und mit Salz abschmecken. Die Kräuter darüber streuen.

Buchweizen-topf mit Sommergemüse

Zutaten für 4 Personen:

250 g grüne Bohnen

2 große Zwiebeln (etwa 200 g)

2 Knoblauchzehen

2 Eßl. kaltgepreßtes,
nicht raffiniertes Olivenöl

150 g Buchweizen

1/2 l Gemüsebrühe

1 Teel. Miso oder Sojasauce

Salz und Streuwürze

weißer Pfeffer, frisch gemahlen

500 g Tomaten

250 g Zucchini

1 grüne Paprikaschote

1 Eßl. frische Thymian- oder
Bohnenkrautblättchen oder
2–3 Salbeiblätter, frisch gehackt

2–3 Eßl. Crème fraîche

Für Ungeübte

Pro Portion etwa:
1600 KJ/380 kcal
10 g Eiweiß · 19 g Fett
41 g Kohlenhydrate
7 g Ballaststoffe

• Dauert insgesamt etwa
45 Minuten

1. Die Bohnen waschen, putzen und in 2–3 cm lange Stücke schneiden. Die Zwiebeln und die Knoblauchzehen fein schneiden.

2. Das Öl in einem mittelgroßen Topf erhitzen. Die Zwiebeln und den Knoblauch darin andünsten.

3. Den Buchweizen hinzufügen und 1–2 Minuten leicht anrösten. Die Bohnen dazugeben, die Gemüsebrühe angießen, das Miso oder die Sojasauce einrühren. Den Eintopf mit Salz, Streuwürze und Pfeffer würzen und zugedeckt bei schwacher Hitze etwa 10 Minuten garen. Dabei gelegentlich umrühren.

4. Inzwischen die Tomaten waschen und 2–3 Minuten auf die kochende Eintopfmasse legen. Die abgekühlten Tomaten häuten und kleinschneiden, den Strunk entfernen.

5. Die Zucchini waschen, putzen und in 1/2 cm dicke Scheiben schneiden. Die Paprikaschote waschen, putzen und in 1/2 cm breite Streifen schneiden.

6. Die Tomaten, die Zucchini und die Paprikastreifen unter den Eintopf mischen. Die Hälfte des Thymians, des Bohnenkrauts oder des Salbeis einrühren. Den Eintopf bei schwacher Hitze 7–10 Minuten köcheln lassen. Eventuell Wasser nachgießen.

7. Den Topf vom Herd nehmen. Die Crème fraîche unter den Eintopf rühren, die restlichen Kräuter darüber streuen.

Im Bild vorne: Buchweizentopf mit Sommergemüse
Im Bild hinten: Gemüse mit Couscous

Crêpes mit Kräuter-Sprossensauce

Zutaten für 4 Personen:
Für die Crêpes:
200 g Dinkel oder Weizen,
fein gemahlen
2 Eier
Salz
1/2 l kohlensäurehaltiges
Mineralwasser (oder halb Wasser,
halb Milch)
Für die Sauce:
1 Zwiebel
2–3 Knoblauchzehen
40 g Butter
30–40 g Naturreis, Dinkel oder
Weizen, fein gemahlen (3–4 Eßl.)
1/2 l Milch
1 Gemüsebrühwürfel
100 g Sahne oder Crème fraîche
100–150 g frische Kräuter, zum
Beispiel Schnittlauch, Petersilie,
Thymian, Zitronenmelisse, Estragon
oder Basilikum
100 g Kresse- oder Luzernesprossen
Zum Braten:
ungehärtetes Kokosfett oder Öl

Braucht etwas Zeit Für Gäste

Pro Portion etwa:
2400 kJ/570 kcal
18 g Eiweiß · 35 g Fett
48 g Kohlenhydrate
4 g Ballaststoffe

- Dauert insgesamt etwa
  1 Stunde

1. Für den Teig das Dinkel- oder Weizenmehl mit den Eiern, 1 Teelöffel Salz und dem Mineralwasser oder dem Wasser und der Milch zu einem dünnflüssigen Teig verrühren. Den Teig mindestens 30 Minuten quellen lassen.

2. Inzwischen für die Sauce die Zwiebel und die Knoblauchzehen fein würfeln. Die Butter in einem kleinen Topf aufschäumen lassen. Die Zwiebel und den Knoblauch darin leicht andünsten.

3. Das Reis-, Dinkel- oder Weizenmehl einrühren, die Milch angießen und die Sauce unter gelegentlichem Rühren bei mittlerer Hitze etwa 5 Minuten leicht kochen lassen.

4. Den Gemüsebrühwürfel einrühren. Die Sahne oder die Crème fraîche angießen und die Sauce weitere 1–2 Minuten leicht kochen lassen.

5. Die Kräuter waschen, trockenschütteln und fein hacken. Die Sprossen verlesen, abspülen und ebenfalls fein hacken.

6. Den Topf von der Kochstelle nehmen. Die Kräuter und die Sprossen unter die Sauce rühren.

7. Für die Crêpes den Backofen auf 50° (Gas 1/2) einstellen und einen Teller hineinstellen.

8. In einer Pfanne wenig Kokosfett oder Öl erhitzen. Mit einer Schöpfkelle etwas Teig in die schräggehaltene Pfanne einlaufen und durch Drehen verlaufen lassen. Nacheinander 8 dünne Pfannkuchen auf beiden Seiten goldbraun braten, dann zum Warmhalten auf den Teller in den Backofen legen.

9. Die Sauce nochmals kurz anwärmen, dabei nicht mehr kochen lassen! Die Sauce sollte dickflüssig sein, eventuell noch etwas Milch oder Sahne nachgießen. Die Pfannkuchen mit der Sauce servieren.

Tip!

Für die Zubereitung von Saucen verwende ich sehr gerne Reismehl, da es sich sehr fein vermahlen läßt und kaum Kleieteile enthält, so daß gerade helle Saucen auch optisch gut aussehen. Reismehl können Sie sehr vielseitig beim Kochen verwenden, zum Beipiel als Ersatz für Stärkemehl oder zum Dikken von Saucen. Sie können das Mehl einfach einrühren, da es nicht klumpt. Zusätzlich hat es den Vorteil, daß es glutenfrei ist, was für Zöliakie-Diät wichtig ist.

Eine besonders feine Kombination, über die sich ihre Gäste sicher freuen werden.

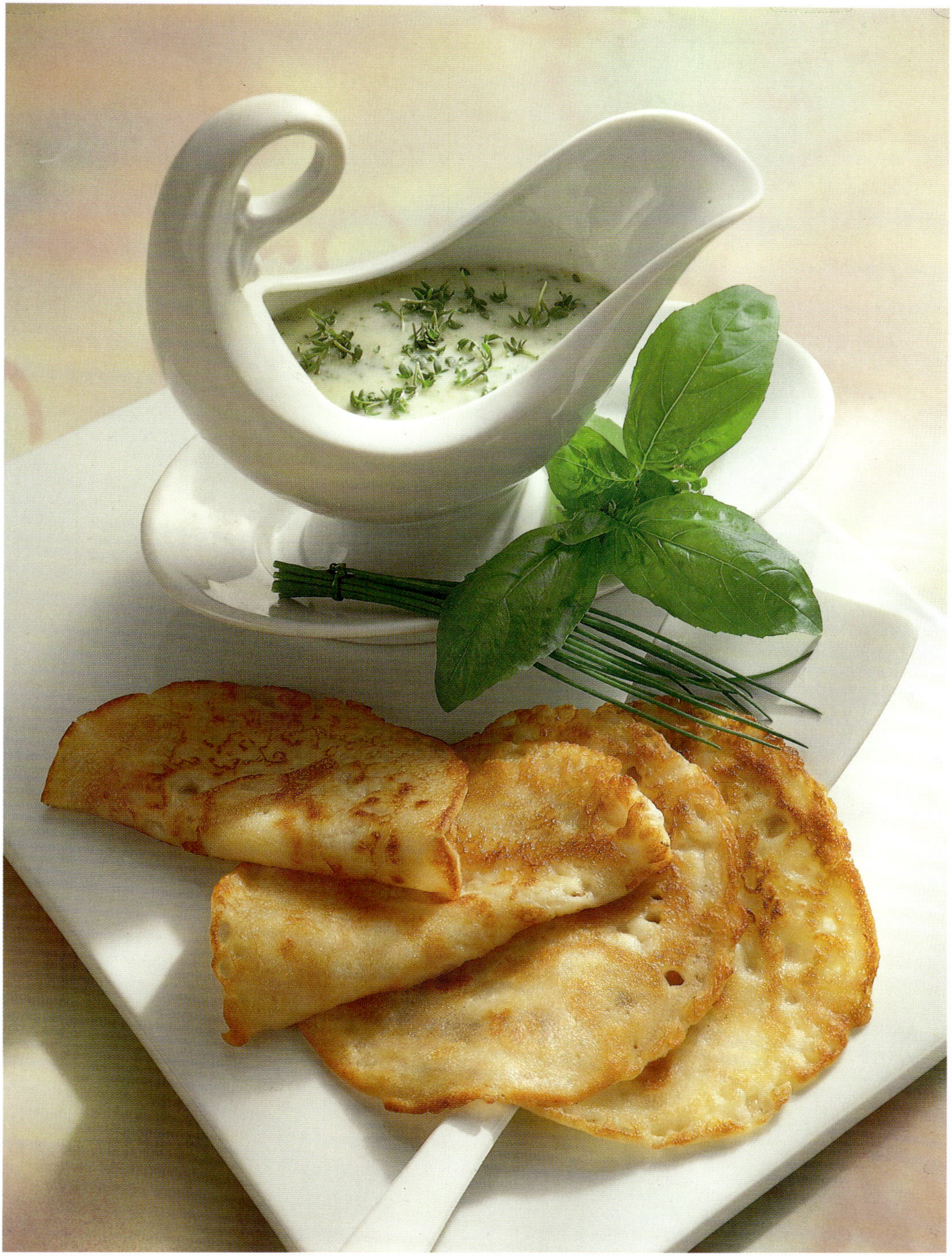

Risotto mit Fenchel

Dieses klassische italienische Rezept schmeckt als Hauptgericht oder in kleinerer Menge als Beilage zu Gebratenem.

Zutaten für 4 Personen:
200 g Langkorn-Naturreis
1 Zwiebel
40 g Butter
1/2 l Gemüsebrühe
2 mittelgroße Fenchelknollen
50 ccm Apfelwein, Weißwein
oder 1 Teel. Zitronensaft
Salz
1 Teel. Fenchelsamen
1 Döschen Safranpulver (125 mg)
50 g Parmesan, frisch gerieben
Streuwürze
1 Eßl. Zitronenmelisseblättchen

Für Ungeübte
Raffiniert

Pro Portion etwa:
970 kJ/230 kcal
12 g Eiweiß · 13 g Fett
36 g Kohlenhydrate
4 g Ballaststoffe

• Dauert insgeamt etwa
  11/4 Stunden

1. Den Reis verlesen, in einem Sieb abspülen und abtropfen lassen.

2. Die Zwiebel fein schneiden. Die Hälfte der Butter in einem Topf aufschäumen lassen. Die Zwiebel darin goldgelb braten.

3. Den Reis dazugeben und etwa 2 Minuten dünsten, bis er glasig ist.

4. Die Gemüsebrühe angießen. Den Risotto zugedeckt bei schwacher Hitze etwa 40 Minuten kochen lassen.

5. Inzwischen die Fenchelknollen gründlich waschen. Unschöne Stellen abschneiden. Die Knollen längs halbieren und in 1/2 cm breite Streifen schneiden. Das Fenchelgrün beiseite legen.

6. In einem zweiten Topf die Fenchelstreifen mit dem Apfelwein, dem Wein oder dem Zitronensaft und etwa 1 Tasse Wasser aufkochen. Mit Salz und Fenchelsamen würzen. Den Fenchel zugedeckt bei mittlerer Hitze in 15–20 Minuten nicht ganz weich garen.

7. Den Safran unter den Reis rühren. Die Fenchelstreifen untermischen.

8. Die restliche Butter und den Parmesan dazugeben. Den Risotto mit Salz und Streuwürze abschmecken. Das Fenchelgrün und die Zitronenmelisse hacken und überstreuen.

Varianten:

Statt Fenchel können Sie für den Risotto auch Zucchini verwenden, die Sie in etwa 1/2 cm dicke Scheiben schneiden. Oder Sie versuchen das Gericht einmal mit Pilzen. Gut schmecken Champignons, Austernpilze oder auch Waldpilze. Die Pilze werden ebenfalls in etwa 1/2 cm dicke Scheiben oder Stücke geschnitten und in Butter angebraten, bevor sie unter den Reis gemischt werden.

Tip!

Safran ist ein edles Gewürz von milder Schärfe. Zur Gewinnung von 1 kg Safran sind die Samenfäden von etwa 100 000 Blüten der Safranpflanze (einer Schwertlilienart) nötig; das erklärt den hohen Preis. Safran gibt es als Pulver oder Fäden.

Das Lieblingsgericht der Mailänder, mit aromatischem Fenchel leicht verwandelt.

Dinkel-Haselnuß-Bratlinge

Schrotbrei für Bratlinge soll geschmeidig, aber nicht zu weich sein. Ist dies doch einmal der Fall, können Sie ihn durch die Zugabe von 1–2 Eßlöffeln feingemahlenem Weizen fester machen.

Zutaten für 4 Personen:
Für die Küchlein:
400 ccm Wasser
1/2 Gemüsebrühwürfel
1 Teel. Miso
2 Teel. Sojasauce
1 Knoblauchzehe
200 g Dinkel, grießartig geschrotet
100 g Haselnüsse, grob gehackt
2 kleine Eier oder 1 großes Ei
Salz
Muskatnuß, frisch gerieben
weißer Pfeffer, frisch gemahlen
Streuwürze
Zum Braten: ungehärtetes Kokosfett
Für die Sauce:
40 g Butter
20 g Reis, fein gemahlen
400 ccm Milch oder Gemüsebrühe
100 g Emmentaler oder Parmesan, frisch gerieben
Salz
Muskatnuß, frisch gerieben

Raffiniert

Pro Portion etwa:
2500 kJ/600 kcal
24 g Eiweiß · 39 g Fett
42 g Kohlenhydrate
6 g Ballaststoffe

• Dauert insgesamt etwa 1 Stunde

1. Das Wasser in einem Topf mit dem Gemüsebrühwürfel, dem Miso und der Sojasauce zum Kochen bringen. Dabei alles gründlich verrühren. Die Knoblauchzehe durch eine Knoblauchpresse drücken und dazugeben.

2. Den Dinkelschrot sofort in die kochende Brühe einrühren. Die Platte zurückschalten und den Schrot bei schwacher Hitze zugedeckt in etwa 20 Minuten ausquellen lassen. Den Schrotbrei dabei gelegentlich umrühren, damit er nicht anhängt.

3. Den Schrotbrei von der Kochstelle nehmen und leicht auskühlen lassen.

4. Die Nüsse und die Eier unter die Dinkelmasse rühren. Mit 1 Prise Salz, Muskat, Pfeffer und Streuwürze würzen und abschmecken.

5. Etwas Kokosfett in einer Pfanne erhitzen. Mit angefeuchteten Händen etwa 12 Küchlein formen und diese portionsweise auf beiden Seiten bei mittlerer Hitze goldbraun braten. Die gebratenen Küchlein jeweils (eventuell bei 50° im Backofen) warm halten.

6. Gleichzeitig für die Sauce die Butter aufschäumen lassen. Das Reismehl einstreuen und die Milch einrühren. Die Sauce bei mittlerer Hitze etwa 5 Minuten leicht kochen lassen. Den Käse einrühren. Die Sauce mit Salz und Muskat abschmecken.

Tip!

Miso und Sojasauce stammen aus der asiatischen Küche und sind eiweiß- und mineralstoffreiche Allzweckgewürze, die einen hohen gesundheitlichen Wert haben. Miso wird aus Sojabohnen, Getreide und Salz in einem langwierigen Fermentationsverfahren hergestellt. Es enthält neben hochwertigem Eiweiß unter anderem wertvolle Hefen und Enzyme, die sich günstig auf die Verdauung auswirken können. Außerdem hat Miso in der chinesischen Volksmedizin große Bedeutung. Miso enthält das essentielle Vitamin B_{12}, das nur in ganz wenigen pflanzlichen Produkten vorkommt.
Sojasauce wird aus in Salz vergorenen Sojabohnen gewonnen. Man unterscheidet 2 Arten: »Tamari« besteht aus Wasser und Salz, »Shoyu« enthält zusätzlich Getreide.

Diese knusprigen Bratlinge schmecken auch mit Weizen, Hafer, Roggen, Buchweizen oder Grünkern.

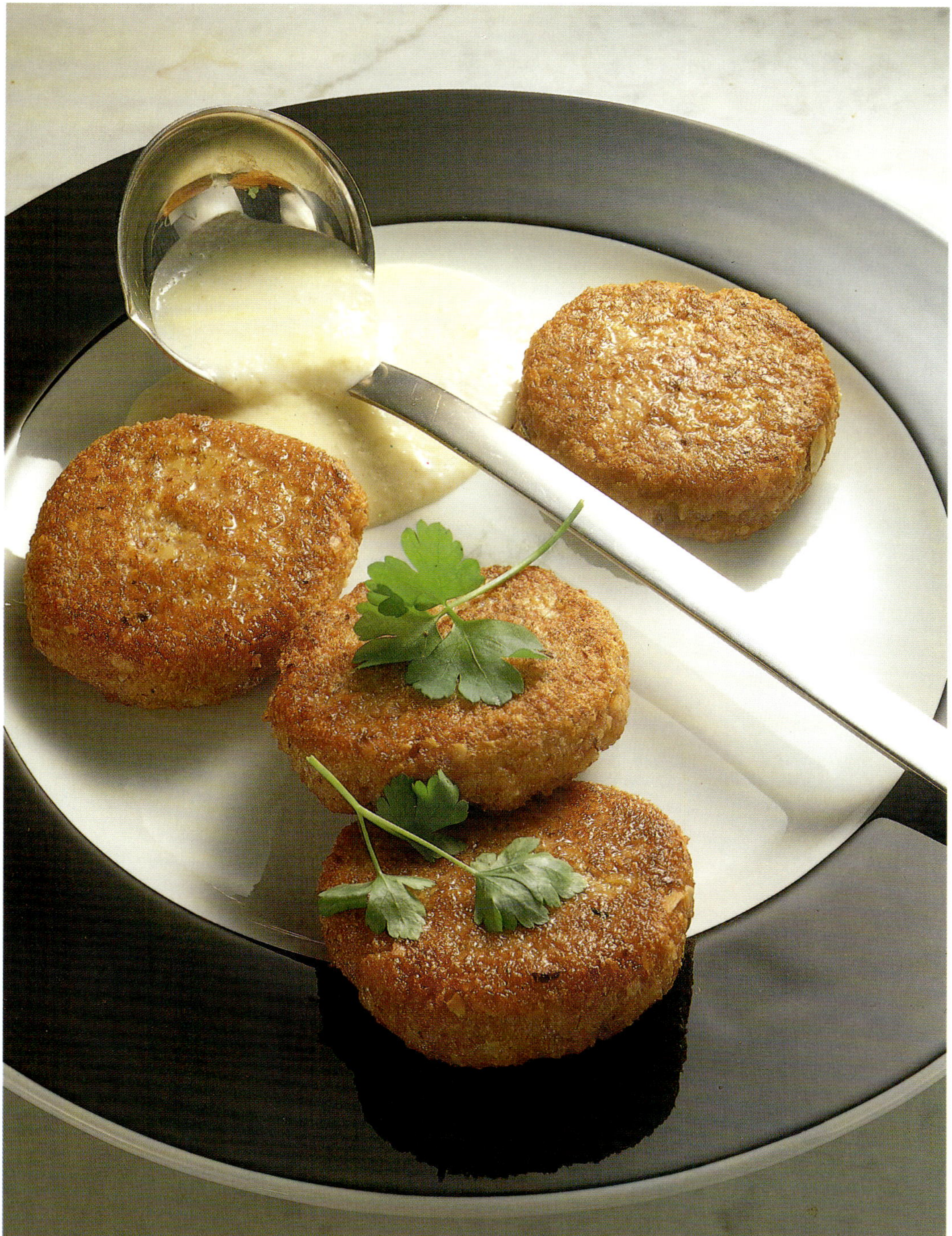

Wirsingspätzle mit Pilzen

Zutaten für 4 Personen:
400 g Dinkel oder je 200 g Dinkel
und Weizen, sehr fein gemahlen
Salz
1 Prise Muskatnuß, frisch gerieben
2–3 Eier
250–300 ccm kohlensäurehaltiges
Mineralwasser
500 g Wirsing
200 g Pfifferlinge oder
Champignons
1 große Zwiebel
40–60 g Butter
1/2 Teel. Kümmelkörner
1 Eßl. kaltgepreßtes, nicht
raffiniertes Öl
1 Bund Petersilie , frisch gehackt

Braucht etwas Zeit

Pro Portion etwa:
2400 kJ/570 kcal
21 g Eiweiß · 23 g Fett
70 g Kohlenhydrate
13 g Ballaststoffe

• Dauert insgesamt etwa
1 Stunde 10 Minuten

1. Das Mehl in eine Rührschüssel geben. 1 gestrichenen Teelöffel Salz, den Muskat und die Eier hinzufügen. So viel Mineralwasser einrühren, daß ein geschmeidiger, nicht zu weicher Teig entsteht. Den Teig mit dem Rührlöffel oder den Knethaken des Rührgerätes so lange durchschlagen, bis er Blasen wirft. Dann 20–30 Minuten quellen lassen.

2. Inzwischen von dem Wirsingkopf unschöne Blätter entfernen. Den Kopf halbieren und den Strunk keilförmig herausschneiden. Den Wirsing in 1/2 cm feine Streifen schneiden.

3. Die Pilze kurz unter fließendem Wasser waschen, putzen und vierteln.

4. Die Zwiebel fein schneiden. Die Butter in einer großen Pfanne aufschäumen lassen. Die Zwiebel darin bei mittlerer Hitze hellbraun braten.

5. Die Pilze zu den Zwiebeln geben und 1–2 Minuten anbraten.

6. Den Wirsing dazugeben und mit Salz und Kümmel würzen. Bei schwacher Hitze etwa 10 Minuten dünsten.

7. Gleichzeitig in einem großen Topf etwa 2 l Wasser mit 1 Prise Salz und dem Öl zum Kochen bringen.

8. Den gequollenen Spätzleteig nochmal durchschlagen. Er sollte geschmeidig und weich sein; eventuell noch etwas Mineralwasser unterrühren.

9. Einen Teil des Teiges auf das nasse Spatzenbrett streichen. Mit einem Spatzenschaber oder einem großen Messer etwa 1/2 cm breite Streifen in das kochende Wasser schaben. Oder den Teig durch eine Spätzlepresse

oder einen Spätzlehobel ins Wasser geben. Die Spätzle, wenn sie hochsteigen, noch einmal kurz aufkochen lassen, dann mit einem Schaumlöffel herausnehmen und in ein Sieb geben. Die Spätzle mit kaltem Wasser abschrecken, durchschütteln und abtropfen lassen. Den restlichen Teig ebenso verarbeiten.

10. Die abgetropften Spätzle mit dem Wirsing und den Pilzen vermischen. Die Petersilie darüber streuen.

Tip!

Sie können – wie auf dem Foto gezeigt – die Spätzle vor dem Servieren zusätzlich mit frisch gerösteten Sonnenblumenkernen bestreuen.

Varianten:

Die Spätzle schmecken auch gut, wenn Sie sie nach dem Garen nur kurz in Knoblauchbutter schwenken. Dazu schmeckt dann Salat. Oder Sie bereiten die Spätzle statt mit Wirsing und Pilzen mit gedünstetem Sauerkraut zu.

Eine wahre Delikatesse der Vollkornküche – selbstgemachte Spätzle mit würzigem Gemüse.

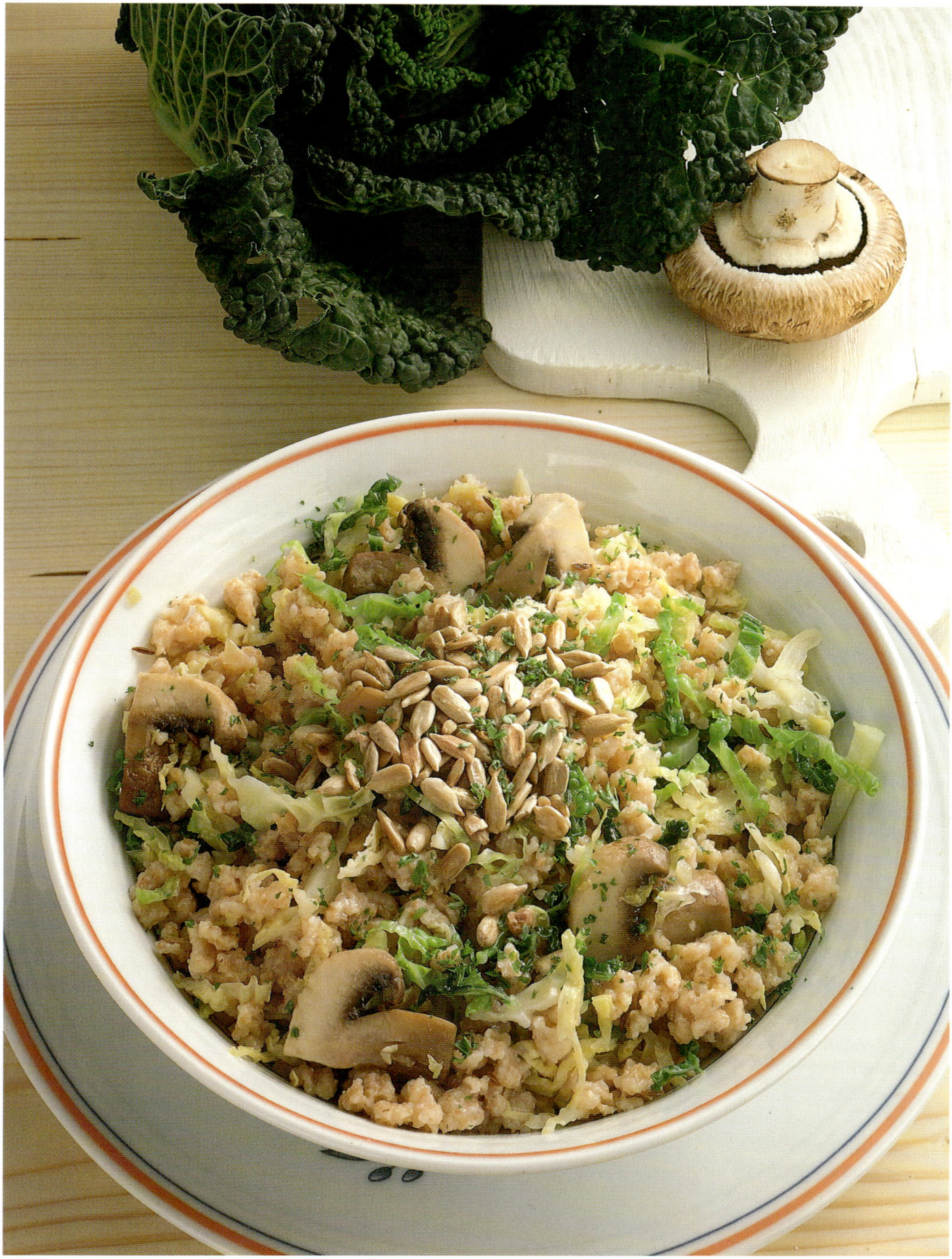

Dinkel mit Spinatsahne

Anstelle des Spinats können Sie dieses Rezept auch mit Zucchinischeiben oder Lauchstreifen zubereiten.

Zutaten für 4 Personen:
200 g Dinkel
400–500 ccm Wasser
Salz
500 g Spinat
1 Zwiebel
1–2 Knoblauchzehen
40 g Butter
200 g Sahne oder Milch
Muskatnuß, frisch gerieben
50 g Parmesan, frisch gerieben
1 Bund Petersilie, frisch gehackt

Preiswert Für Ungeübte

Pro Portion etwa:
2000 kJ/480 kcal
15 g Eiweiß · 29 g Fett
36 g Kohlenhydrate
7 g Ballaststoffe

- Dauert insgesamt etwa 4 Stunden
- Einweichzeit: 2–3 Stunden

1. Den Dinkel verlesen, mit dem Wasser in einen Topf geben und zugedeckt 2–3 Stunden einweichen. Danach die Körner mit 1 Prise Salz etwa 5 Minuten leicht aufkochen, anschließend zugedeckt bei schwacher Hitze in 20–30 Minuten ausquellen lassen.

2. Inzwischen den Spinat putzen, waschen und in Streifen schneiden oder hacken.

3. Die Zwiebel und den Knoblauch getrennt fein schneiden. Die Butter in einem Topf erhitzen und die Zwiebel darin leicht andünsten.

4. Den Knoblauch und den Spinat dazugeben. Die Sahne oder die Milch aufgießen und den Spinat zugedeckt etwa 5 Minuten bei mittlerer Hitze dünsten lassen.

5. Den Dinkel einrühren. Mit Salz, Muskat und dem Käse abschmecken. Die Petersilie untermischen.

Nudeln mit Zitrone

Zutaten für 4 Personen:
2 l Wasser
Salz
3–4 Eßl. kaltgepreßtes, nicht raffiniertes Olivenöl
250 g schmale Vollkorn-Bandnudeln oder Spaghetti
2 unbehandelte Zitronen
6–8 Zweige Zitronenthymian oder Thymian
6–8 Blättchen Zitronenmelisse

Preiswert • Für Gäste

Pro Portion etwa:
1600 kJ/380 kcal
9 g Eiweiß · 21 g Fett
40 g Kohlenhydrate
5 g Ballaststoffe

- Dauert insgesamt etwa 30 Minuten

1. Das Wasser mit 1 Prise Salz und 1 Eßlöffel Öl zum Kochen bringen. Die Nudeln in das sprudelnde Wasser geben und unter gelegentlichem Umrühren in etwa 7 Minuten nicht zu weich kochen.

2. Inzwischen die Zitronen heiß abwaschen. Die Schalen abreiben.

3. Den Thymian und die Zitronenmelisse waschen und trockenschütteln. Die Blätter abstreifen und gegebenenfalls fein hacken.

4. Die Nudeln in ein Sieb gießen und mit kaltem Wasser abschrecken.

5. Das restliche Olivenöl in einer Pfanne erhitzen. Die Hälfte der Zitronenschale bei mittlerer Hitze 1 Minute darin anbraten. Dann die Nudeln und die restliche Zitronenschale hineingeben.

6. Den (Zitronen-) Thymian und die Zitronenmelisse untermischen. Die Nudeln mit Salz abschmecken.

Im Bild oben: Dinkel mit Spinatsahne
Im Bild unten: Nudeln mit Zitrone

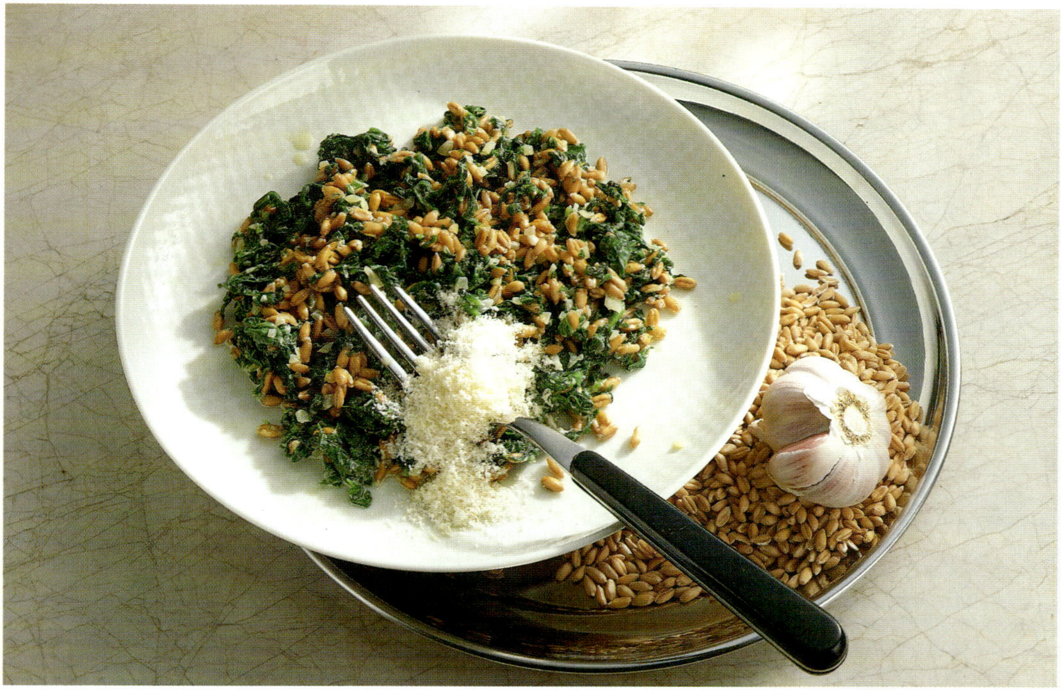

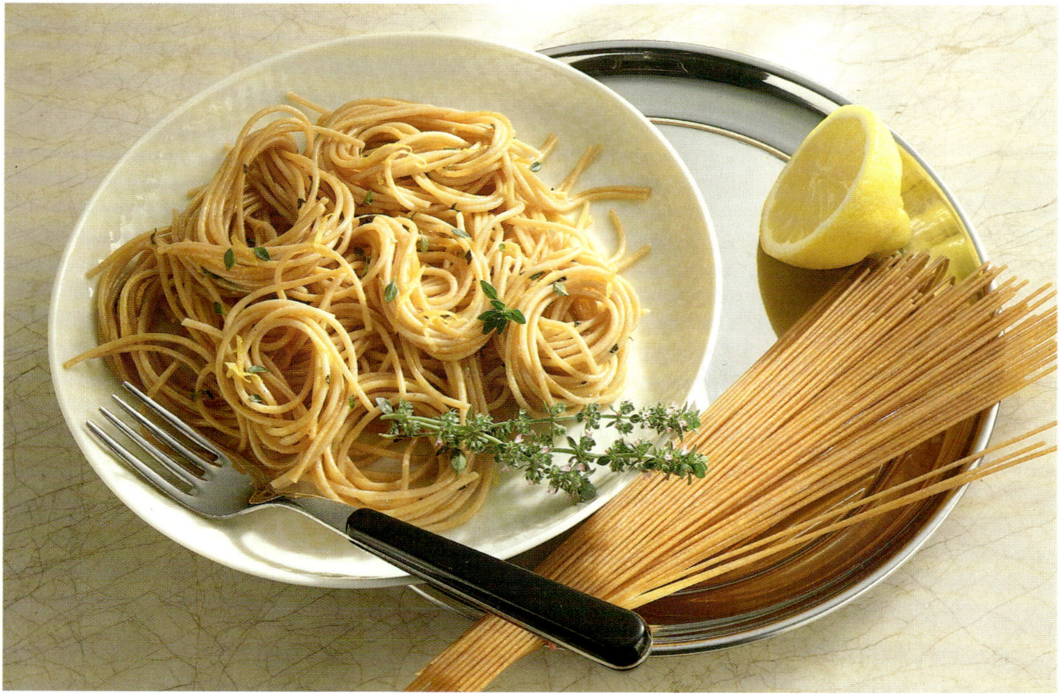

Zucchini-Thymian-Pfannkuchen

Zutaten für 8 Pfannkuchen
(4 Personen):

200 g Dinkel oder Weizen,
sehr fein gemahlen

2 Eier

Salz

1/2 l Milch

1 Eßl. kaltgepreßtes, nicht
raffiniertes Sonnenblumenöl

2 Knoblauchzehen

250 g Zucchini

2–3 Thymianzweige

2–3 Eßl. Sesamsamen

1 Eßl. Gomasio (siehe Tip)

Muskat, frisch gerieben

Zum Braten: ungehärtetes Kokosfett
oder Öl

Preiswert

Pro Portion etwa:
2200 kJ/520 kcal
18 g Eiweiß · 32 g Fett
40 g Kohlenhydrate
6 g Ballaststoffe

• Dauert insgesamt etwa
  50 Minuten

1. Für den Teig das Dinkel-
oder das Weizenmehl mit
den Eiern, 1 Prise Salz, der
Milch und dem Öl verrühren.
Den Teig mindestens 30 Minuten quellen lassen.

2. Inzwischen die Knoblauchzehen durch die Knoblauchpresse drücken und unter den
Teig rühren.

3. Die Zucchini waschen, die
Stiel- und Blütenansätze ab-

schneiden und die Zucchini
mittelgrob raspeln oder in Stifte schneiden. Die Zucchini
unter den Teig mischen.

4. Den Thymian waschen und
trockenschütteln. Die Blättchen
von den Stielen streifen und
bis auf einen kleinen Rest unter den Teig rühren.

5. Die Sesamsamen in einer
Pfanne unter Rühren bei mittlerer Hitze in 2–3 Minuten goldbraun rösten.

6. Den Sesam und das Gomasio unter den Teig mengen.
Mit Salz und Muskat ab-
schmecken.

7. Zum Warmhalten der
Pfannkuchen den Backofen
auf 50° (Gas 1/2) einschalten
und einen Teller hineinstellen.

8. Etwas Kokosfett oder Öl
möglichst in 2 Pfannen erhitzen. Mit einem Schöpflöffel
etwas Teig in die schräggehaltene Pfanne einlaufen und
durch Drehen verlaufen lassen. Den Deckel auflegen und
die erste Seite der Pfannkuchen
bei mittlerer Hitze in 2–3 Minuten goldbraun braten.

9. Den Pfannkuchen wenden
und die zweite Seite offen
braten. Die Pfannkuchen zum
Warmhalten auf den Teller in
den Backofen stellen.

10. Wenn alle Pfannkuchen
gebraten sind, den restlichen
Thymian darüber streuen und
die Pfannkuchen servieren.
Dazu paßt ein saftiger Salat.

Varianten:

Sie können statt Zuchini auch
Spinat (fein gehackt) oder
Lauch (in feine Streifen geschnitten) verwenden. Das
Gemüse in etwas Butter kurz
dünsten, dann unter den Teig
mischen.

Tip!

Thymian können Sie gut
im Garten oder auf dem
Balkon anpflanzen. Be-
sonders dekorativ sehen
dieses und andere Ge-
richte aus, wenn Sie auch
die blühenden Zweige
mitverwenden! Statt fri-
schem Thymian können
Sie 1 Tropfen Thymianöl
verwenden.
Gomasio ist eine Würz-
mischung aus ungeschältem
gemahlenen Sesam, der
zusammen mit Meersalz
geröstet wird. Gomasio
läßt sich auch leicht selbst
herstellen: grob gemahle-
nen Sesam und Meersalz
im Verhältnis 10:1 in ei-
ner Pfanne bei mittlerer
Hitze unter Rühren so lange rösten, bis der Sesam
goldbraun wird.

Bei Groß und Klein beliebt:
knusprig Pfannkuchen mit buntem
Salat

Grünkern-küchlein mit Möhrensauce

Wenn Sie möchten, können Sie als zusätzliche Beilage zu diesem Grünkerngericht Zuckererbsen, Blattspinat oder Zucchini servieren! Anstelle der Möhrensauce paßt auch eine Käsesauce dazu.

Zutaten für 4 Personen:
Für die Küchlein:
1/2 l Wasser
2 Teel. Sojasauce
Salz
1/2 Gemüsebrühwürfel
1 Lorbeerblatt, fein zerrieben
4 Knoblauchzehen
250 g Grünkern, mittelgrob geschrotet
2–3 Teel. Rosmarinnadeln
250 g Zucchini
1 Zwiebel (200 g)
1–2 Eßl. kaltgepreßtes, nicht raffiniertes Olivenöl
weißer Pfeffer, frisch gemahlen
3–4 Eßl. Gomasio
1 Ei
Für die Sauce:
500 g Möhren
1/4 l Gemüsebrühe
100–150 g Sahne
50 g Butter
Salz
Muskatnuß, frisch gerieben
1–2 Teel. frische Thymianblättchen
Zum Braten:
ungehärtetes Kokosfett oder Öl

Raffiniert • Für Gäste

Pro Portion etwa:
3000 kJ/710 kcal
15 g Eiweiß · 47 g Fett
58 g Kohlenhydrate
9 g Ballaststoffe

• Dauert insgesamt etwa 45 Minuten

1. Das Wasser mit der Sojasauce, 1 Prise Salz, dem Gemüsebrühwürfel und dem Lorbeerblatt verrühren. Die Knoblauchzehen durch die Knoblauchpresse in den Topf drücken. Das Wasser zum Kochen bringen. Den Grünkernschrot einrühren und die Hitze zurückschalten.

2. Die Rosmarinnadeln bis auf einen kleinen Rest fein schneiden. Die Hälfte des Rosmarins zu den Zutaten in den Topf geben. Den Deckel auflegen und den Schrot bei schwacher Hitze oder auf der ausgeschalteten Kochplatte in 20 Minuten zu einer festen Masse ausquellen und dann leicht auskühlen lassen.

3. Die Zucchini waschen, von Stiel- und Blütenansätzen befreien und in feine Stifte (Julienne) schneiden oder hobeln.

4. Die Zwiebel fein würfeln. Das Olivenöl in einer Pfanne erhitzen und die Zwiebel darin goldgelb andünsten. Die Zucchinistifte zu den Zwiebeln geben und für 1–2 Minuten mitdünsten.

5. Den Grünkernschrotbrei mit Salz, Pfeffer und dem Gomasio würzen. Das Ei, den restlichen gehackten Rosmarin sowie die angedünsteten Zwie-

beln und Zucchini einrühren und abschmecken. Die Masse soll kräftig schmecken.

6. Mit nassen Händen etwa 24 kleine Küchlein formen. Die Küchlein möglichst in 2 Pfannen in Kokosfett oder Öl auf beiden Seiten bei schwacher bis mittlerer Hitze goldbraun braten.

7. Inzwischen für die Sauce die Möhren waschen, wenn nötig, schälen oder schaben und mittelgrob raspeln oder fein stifteln. Die Möhren mit der Gemüsebrühe in einen hohen Topf geben und 5–7 Minuten zugedeckt bei mittlerer Hitze kochen lassen. Die Sahne angießen, die Butter dazugeben und die Sauce mit einem Mixstab pürieren. Mit Salz und Muskat abschmecken. Den Thymian einrühren.

8. Die restlichen Rosmarinnadeln gegen Ende der Bratzeit zu den Küchlein in die Pfanne geben. Die Küchlein mit der Sauce auf Tellern anrichten und servieren.

Bei vielen gilt Grünkern als eine der aromatischsten Getreidesorten – die Küchlein bestätigen diese Ansicht.

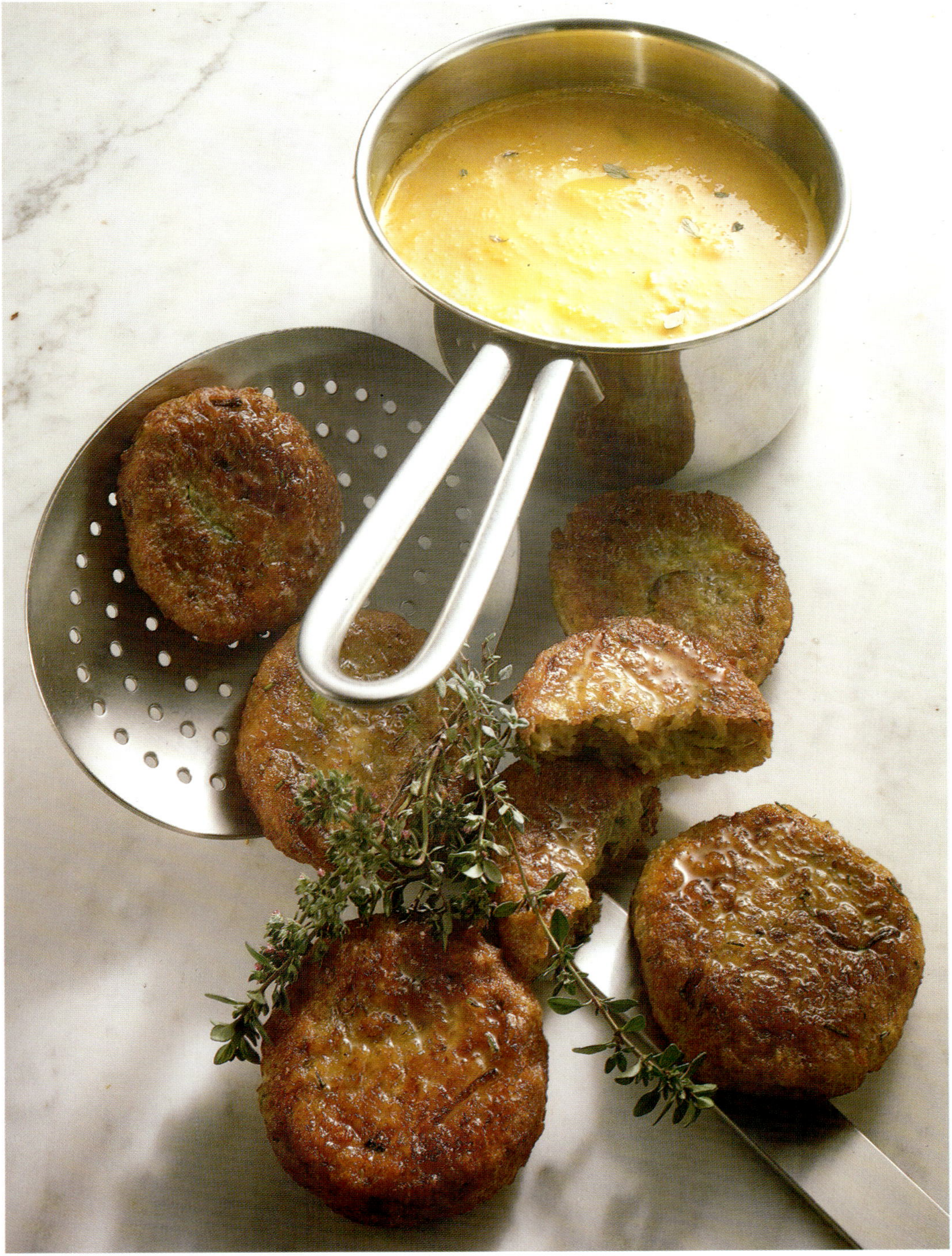

Maultaschen mit Spinat-Tofu-Füllung

Zutaten für 4 Personen:

Für die Maultaschen:

250 g Dinkel, ersatzweise
Hartweizen oder Weizen, sehr fein
gemahlen

2 Eigelb

Salz

7–9 Eßl. Wasser

1 Zwiebel

2 Knoblauchzehen

250 g Spinat

50 g Egerlinge

20 g Butter

100 g Tofu

3–4 Eßl. Gomasio

Muskatnuß, frisch gerieben

1 Bund Petersilie, frisch gehackt

Für die Sauce:

40 g Butter

15 g Naturreis, fein gemahlen
(11/2 Eßl.)

100 ccm Gemüsebrühe

200 g Sahne

200 g Egerlinge

1 Knoblauchzehe

1–2 Tassen Kochwasser

50 g Parmesan, fein gerieben

Zum Bestreichen:

1 Eiweiß

Braucht etwas Zeit
Für Gäste

Pro Portion etwa:
2700 kJ/640 kcal
23 g Eiweiß · 42 g Fett
49 g Kohlenhydrate
6 g Ballaststoffe

• Dauert insgesamt etwa
  11/4 Stunden

1. Das Mehl in eine Schüssel geben. Die Eigelbe mit 1 knappen Teelöffel Salz und der Hälfte des Wassers verrühren und unter das Mehl mengen. Eßlöffelweise noch so viel Wasser unterarbeiten, daß ein geschmeidiger, nicht klebender Teig entsteht. Den Teig in Folie packen und mindestens 30 Minuten ruhen lassen.

2. Inzwischen für die Füllung die Zwiebel und die Knoblauchzehen fein hacken. Den Spinat putzen, waschen und auf einem großen Brett fein schneiden. Die Pilze unter fließendem Wasser kurz abspülen, putzen und fein hacken.

3. Die Butter bei mittlerer Hitze aufschäumen lassen. Die Zwiebel und den Knoblauch darin leicht andünsten. Die Pilze dazugeben und kurz anbraten. Den Tofu abtropfen lassen, fein hacken, dazugeben und 1–2 Minuten mit den Zwiebeln und den Pilzen leicht braten.

4. Den Spinat dazugeben. Die Masse bei mittlerer Hitze etwa 5 Minuten leicht kochen lassen, bis die Flüssigkeit verdampft ist. Das Gomasio, 1 Prise Muskatnuß und die Petersilie einrühren. Die Füllung abschmecken und leicht abkühlen lassen.

5. Inzwischen für die Sauce die Butter schmelzen lassen, das Reismehl, die Gemüsebrühe und die Sahne einrühren und 2–3 Minuten leicht kochen lassen.

Tip!

Tofu ist ein pflanzlicher Quark aus Sojabohnen. Er ist cholesterinfrei, enthält hochwertiges Eiweiß und ist leicht verdaulich. Sein Geschmack ist mild-neutral, Tofu kann daher für salzige und süße Speisen gleichermaßen verwendet werden. Tofu können Sie im Reformhaus oder Naturkostladen frisch, vakuumverpackt oder sterilisiert kaufen.

6. Die Pilze abspülen, putzen und in feine Scheiben schneiden. Den Knoblauch durch die Presse drücken. Die Pilze und den Knoblauch unter die Sauce rühren. Etwa 5 Minuten bei mittlerer Hitze köcheln lassen. Wenn nötig, noch etwas Brühe angießen. Den Käse einrühren. Die Sauce abschmecken und warm halten.

7. In einem Topf 2 l Wasser mit 1 Teelöffel Salz zum Kochen bringen. Den Teig zu einem 1–2 mm dünnen Rechteck ausrollen. Eine Hälfte davon mit Eiweiß bestreichen. Das restliche Eiweiß unter die Füllung rühren.

8. Die Füllung mit 5 cm Abstand auf die unbestrichene Fläche setzen. Die bestrichene Teigplatte darüber klappen und andrücken. Die Teigplatten zwischen der Füllung zusammendrücken, an den Vertiefungen auseinanderschneiden. Die Taschen in dem kochenden Wasser bei mittlerer Hitze 5–7 Minuten ziehen lassen.

Buchweizen-gnocchi mit Kräutersauce

Zu diesen Gnocchi paßt auch sehr gut eine Tomatensauce.

Zutaten für 4 Personen:
Für die Gnocchi:
1/2 l Gemüsebrühe
2 Knoblauchzehen
250 g Buchweizen, grießartig geschrotet
100 g Emmentaler, frisch gerieben
2 Eßl. Dinkel oder Weizen, fein gemahlen
1 Ei
Salz
weißer Pfeffer, frisch gemahlen
1/2 Bund Schnittlauch oder Petersilie
Für die Sauce:
20 g Butter
20–30 g Naturreis oder Dinkel, fein gemahlen (2–3 Eßl.)
250–300 ccm Gemüsebrühe
100–150 g Sahne
3–4 Knoblauchzehen
Salz
Streuwürze
1 Prise Schabziegerklee
1–2 Bund Schnittlauch, Petersilie, Dill, eine Sorte oder gemischt

Raffiniert • Für Gäste

Pro Portion etwa:
2200 kJ/520 kcal
21 g Eiweiß · 27 g Fett
54 g Kohlenhydrate
2 g Ballaststoffe

• Dauert insgesamt etwa 45 Minuten

1. Die Gemüsebrühe zum Kochen bringen. Die Knoblauchzehen durch eine Knoblauchpresse in die Brühe drücken. Den Buchweizenschrot einstreuen, gründlich durchrühren und dann bei schwacher Hitze zugedeckt etwa 15 Minuten quellen lassen. Danach leicht abkühlen lassen.

2. Inzwischen für die Sauce die Butter in einem kleinen Topf aufschäumen lassen. Das Reis- oder Dinkelmehl etwa 1 Minute darin anschwitzen.

3. Die Gemüsebrühe und die Sahne aufgießen. Die Knoblauchzehen durch die Presse in die Sauce drücken, diese 7–10 Minuten bei schwacher Hitze kochen lassen.

4. Inzwischen den Käse, das Dinkel- oder Weizenmehl und das Ei unter den abgekühlten Buchweizenbrei rühren. Mit Salz und Pfeffer würzen. Der Teig soll kräftig schmecken.

5. Den Schnittlauch oder die Petersilie waschen und feinschneiden. Die Kräuter einrühren. Die Masse soll geschmeidig sein. Wenn nötig, noch etwas Wasser einrühren.

6. 1 1/2–2 l Wasser in einem großen Topf zum Kochen bringen. Dann die Hitze zurückschalten. Mit einem Eßlöffel kleine Klößchen von der Masse abstechen und diese in die siedende Flüssigkeit gleiten lassen. Die Gnocchi 3–5 Minuten darin ziehen lassen. Wenn sie oben schwimmen, die Gnocchi herausheben, abtropfen lassen und in eine Schüssel geben.

7. Die Sauce mit Salz, Streuwürze und Schabziegerklee würzen.

8. Die Kräuter für die Sauce waschen, sehr fein hacken und einrühren. Die Sauce abschmecken. Die Sauce zu den Gnocchi servieren.

Tip!

Damit die Gnocchi ihre Form behalten, ist es wichtig, daß sie nicht kochen und nicht zu lange im Wasser liegen bleiben. Schabziegerklee ist ein getrocknetes, fein pulverisiertes Hochgebirgskraut. Erhältlich ist Schabziegerklee im Reformhaus oder Naturkostladen.
Gnocchi können Sie auch sehr gut im gekochten Einsatz über Dampf garen.

Von der italienischen Küche inspiriert – mit Buchweizen vollwertig und köstlich abgewandelt – sind die Gnocchi mit cremiger Sauce.

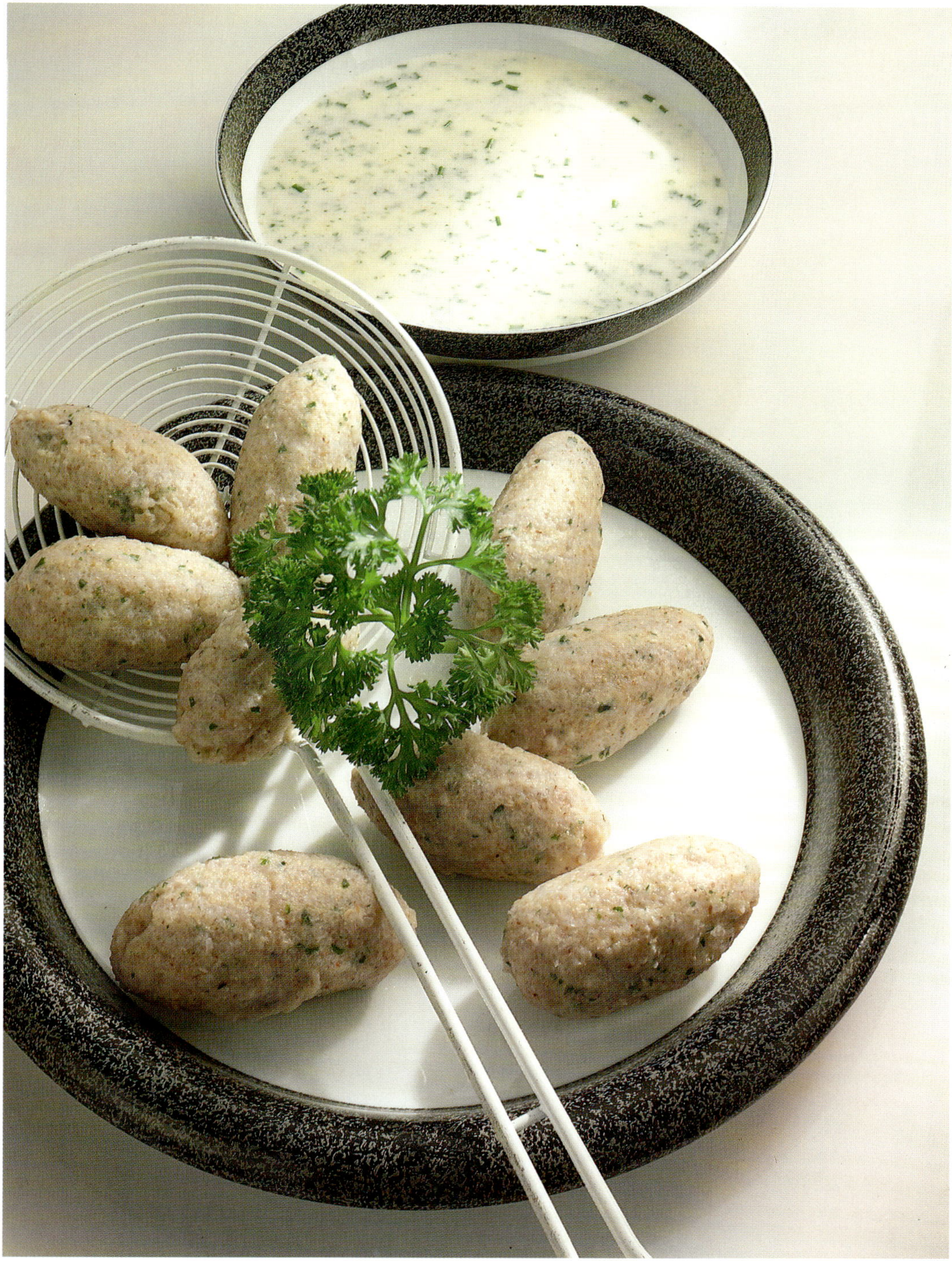

Grünkern-Tomaten-Gratin mit Pilzen

Zutaten für 4 Personen:

200 g Grünkern

400 ccm Wasser

Salz

1/2 Gemüsebrühwürfel

300–400 g Egerlinge

50 g Butterschmalz oder kaltgepreßtes, nicht raffiniertes Olivenöl

1 mittelgroßer Zucchino (250 g)

1 Bund Basilikum oder Petersilie
Streuwürze

4 große Tomaten (400 g)

100–150 g mittelalter Gouda,
Emmentaler oder Mozzarella,
in Scheiben geschnitten

150 g Sahne oder Crème fraîche

2–3 Eßl. Pinien- oder Sonnenblumenkerne

Für Ungeübte
Braucht etwas Zeit

Pro Portion etwa:
2500 kJ/600 kcal
22 g Eiweiß · 40 g Fett
39 g Kohlenhydrate
10 g Ballaststoffe

• Dauert insgesamt etwa
  1 1/4 Stunden

1. Den Grünkern verlesen, dann mit dem Wasser, Salz und dem zerdrückten Gemüsebrühwürfel zugedeckt 4–5 Minuten aufkochen lassen. Den Grünkern bei schwächster Hitze in 40–45 Minuten ausquellen lassen.

2. Inzwischen die Pilze kurz unter fließendem Wasser abspülen. Wenn nötig, putzen und in 1/2 cm dicke Scheiben schneiden.

3. Das Butterschmalz oder das Olivenöl in einer Pfanne erhitzen. Die Pilze darin bei mittlerer Hitze 3–5 Minuten anbraten. Beiseite stellen.

4. Den Zucchino waschen, vom Stiel- und Blütenansatz befreien und in 2–3 mm feine Streifen schneiden oder hobeln.

5. Die Zucchinistifte unter den Grünkern rühren und etwa 3 Minuten bei schwacher Hitze darin leicht köcheln lassen. Dabei die restliche Kochflüssigkeit verdampfen lassen.

6. Das Basilikum oder die Petersilie gründlich waschen und fein schneiden. Etwa die Hälfte davon unter den Grünkern mischen. Die Masse mit Salz und Streuwürze abschmecken.

7. Die Grünkernmasse in eine flache Auflaufform einfüllen. Die Pilze darauf verteilen. Die Tomaten waschen, in Scheiben schneiden, dabei den Stielansatz herausschneiden.

8. Abwechselnd Tomaten und Käsescheiben auf den Grünkern legen. Die Sahne oder die Crème fraîche in Tupfen darauf setzen. Die Pinien- oder die Sonnenblumenkerne darüber streuen.

9. Das Gratin in den Backofen (Mitte) geben und bei 190° (Gas Stufe 2 1/2) 25–30 Minuten backen. Die letzten 5 Minuten den Grill einschalten, damit die Pinien- oder Sonnenblumenkerne leicht gebräunt werden.

10. Das Gratin aus dem Backofen nehmen, leicht abkühlen lassen und mit den restlichen Kräutern bestreuen.

Varianten:

Statt des Zucchinos können Sie für dieses Gratin auch Möhren verwenden. Und anstelle der Tomaten schmeckt Broccoli, den Sie vorher bißfest garen müssen.

Dieses Gratin schmeckt im Sommer – mit sonnengereiften Tomaten und aromatischen Kräutern – an besten.

Dinkelflan mit Safransauce

Ob als kleines Gericht oder als Beilage zu gebratenen Pilzen oder Fisch, dieser Spinatflan wird Ihnen sicher schmecken!

Zutaten für 4 Personen:
Für den Flan:
50 g Dinkel, grießartig gemahlen
25 g Pinien- oder Sonnenblumen-kerne
250 g Spinat
1 Zwiebel
1–2 Knoblauchzehen
20 g Butter
4 Eier
4–5 Eßl. Sahne
Salz
schwarzer Pfeffer, frisch gemahlen
Muskatnuß, frisch gerieben
Für die Förmchen:
Butter
1–2 Eßl. geschälte Sesamsamen
Für die Sauce:
40 g Butter
30–40 g Naturreis oder Dinkel,
fein gemahlen (4 Eßl.)
300 ccm Milch
100 g Sahne
1–2 Messerspitzen Safranpulver
Salz
Streuwürze

Raffiniert • Für Gäste

Pro Portion etwa:
2200 kJ/520 kcal
16 g Eiweiß · 43 g Fett
23 g Kohlenhydrate
4 g Ballaststoffe

• Dauert insgesamt etwa: 11/2 Stunden

1. Den Dinkelgrieß in einer Pfanne unter Rühren bei mittlerer bis starker Hitze 2–3 Minuten rösten, bis er würzig duftet. Dann auf einen Teller zum Auskühlen geben.

2. Die Pinien- oder die Sonnenblumenkerne ebenfalls bei mittlerer bis starker Hitze unter Rühren goldbraun rösten. Die Kerne zu dem Grieß geben.

3. Den Spinat putzen, gründlich waschen und in Streifen schneiden. Die Zwiebel fein würfeln. Den Knoblauch durch die Presse drücken.

4. Die Butter in einem Topf aufschäumen lassen. Die Zwiebel und den Knoblauch darin leicht andünsten. Den Spinat dazugeben und bei mittlerer Hitze zugedeckt 2–3 Minuten dünsten lassen. Dann abkühlen lassen.

5. In einer Schüssel die Eier mit der Sahne, 1 Prise Salz, Pfeffer und Muskat verquirlen. Den gerösteten Dinkel und die Pinien- oder Sonnenblumenkerne unterrühren.

6. 4 kleine Auflaufförmchen oder feuerfeste Tassen gründlich mit Butter einfetten und mit dem Sesam ausstreuen.

7. Den Spinat unter die Eimasse rühren. Die Masse in die Förmchen füllen.

8. Auf den Boden eines Druckkochtopfes 2–3 Tassen Wasser geben. Den gelochten Einsatz hineingeben und die Tassen darauf stellen. Den

Topf verschließen und die Flans ohne Druck in 15–20 Minuten fest werden lassen. Oder die Flans, bedeckt mit gefetter Alufolie oder Pergamentpapier, in einem Wasserbad im Backofen in 35–40 Minuten bei 180° garen, bis sie gestockt sind.

9. Inzwischen für die Sauce die Butter erhitzen und das Reis- oder Dinkelmehl darin leicht anschwitzen. Die Milch und die Sahne aufgießen und die Sauce etwa 5 Minuten bei mittlerer Hitze leicht kochen lassen. Die Sauce mit dem Safran, etwas Salz und Streuwürze abschmecken.

10. Die gestockten Flans mit einem Messer vorsichtig vom Rand der Förmchen lösen und auf eine Platte stürzen.

Tip!

Wenn Sie noch gekochte Dinkelkörner übrig haben, können Sie 2–3 Eßlöffel davon unter die Flanmasse rühren. Sie benötigen dann nur die Hälfte des Grießes.

Dieser Flan mit der aromatischen Safransauce eignet sich ausgezeichnet als Vorspeise bei einem festlichen Vollwertmenü.

Maisschnitten mit Tomatensauce

Zutaten für 4 Personen:

Für die Schnitten:

1 l Gemüsebrühe

Salz

100 g Butter

3–4 Knoblauchzehen

250 g Maisgrieß

800–1000 g Spinat

1 Zwiebel

2–3 Eßl. Sesamsamen

Pfeffer, frisch gemahlen

4 Eier

100 g Sahne

50 g Emmentaler, frisch gerieben

Muskatnuß, frisch gerieben

2–3 Eßl. Pinien- oder Sonnen-

blumenkerne (50 g)

Für die Sauce:

800 g reife Tomaten

1 Zwiebel

1 Knoblauchzehe

40 g Butter

20 g Naturreis oder Dinkel,

fein gemahlen (2 Eßl.)

Salz

1 Teel. Honig oder Ahornsirup

Streuwürze

1 Bund Basilikum, frisch gehackt

nach Belieben:

50 g Sahne oder Crème fraîche

Für Gäste

Pro Portion etwa:
4200 kJ/1000 kcal
30 g Eiweiß · 67 g Fett
67 g Kohlenhydrate
10 g Ballaststoffe

- Dauert insgesamt etwa
  1 Stunde

1. In einem hohen Topf die Gemüsebrühe mit 1 Teelöffel Salz und 20 g Butter zum Kochen bringen. Die Knoblauchzehen durch die Presse drücken. Die Hälfte des Knoblauchs in die Brühe geben. Den Maisgrieß einstreuen und bei schwacher Hitze in etwa 20 Minuten zu einem festen Brei ausquellen lassen.

2. Inzwischen den Spinat waschen, und in Streifen schneiden. Die Zwiebel würfeln.

3. 40 g Butter in einen großen Topf geben. Die Zwiebel und den restlichen Knoblauch darin andünsten. Den Spinat dazugeben und zugedeckt bei mittlerer Hitze 3–4 Minuten dünsten. Mit etwas Salz würzen. Den Spinat leicht abkühlen lassen. Das Spinatwasser abgießen.

4. Ein Backblech gründlich mit Butter ausstreichen und mit dem Sesam bestreuen.

5. Den Maisbrei mit Salz und Pfeffer abschmecken und noch warm mit einem nassen Teigschaber auf das Blech streichen. Den Backofen auf 190° (Gas Stufe 2 1/2) einstellen.

6. Die Eier mit der Sahne und dem Käse verquirlen. Mit Salz, Pfeffer und Muskat kräftig würzen. Die Eiersahne unter den Spinat rühren. Die Masse auf den Maisbrei streichen. Die Pinien- oder die Sonnenblumenkerne darüber streuen.

7. Den Spinatkuchen im heißen Backofen (Mitte) etwa 20 Minuten backen.

8. Inzwischen für die Sauce die Tomaten häuten und würfeln, dabei die Stielansätze entfernen. Die Zwiebel und die Knoblauchzehe sehr fein schneiden.

9. Die Butter in einem kleinen Topf zerlassen. Die Zwiebel und den Knoblauch darin bei schwacher Hitze andünsten. Die Tomaten und das Reis- oder Dinkelmehl einrühren. Mit Salz, dem Honig oder Ahornsirup und Streuwürze abschmecken. Die Sauce zugedeckt 5 Minuten bei mittlerer Hitze kochen lassen. Von der Kochstelle nehmen, das Basilikum einrühren.

10. Den Maiskuchen aus dem Backofen nehmen und leicht abkühlen lassen, damit sich die Schnitten leicht vom Boden der Form lösen. Den Kuchen in Stücke schneiden und mit einer in Wasser getauchten Palette abnehmen. Jeweils 2 oder 3 Stücke auf einen Teller legen und mit der Tomatensauce garnieren. Nach Belieben noch 1 kleinen Klecks Sahne oder Crème fraîche darauf setzen.

Dieses köstliche Getreide-Gemüse-Gericht läßt Sie Fleisch sicher nicht vermissen.

Spargel-nudeln mit Egerlingen

Interessiert Sie diese neue Kombination von Spargel und Nudeln? Sie wird Ihnen garantiert schmecken! Wenn Sie nicht genug Zeit haben, die Nudeln selber zu machen, verwenden Sie 250 g Vollkorn-Bandnudeln.

Zutaten für 4 Personen:

250 g Dinkel, sehr fein gemahlen

1 Ei

Salz

6–8 Eßl. Wasser

200 g Egerlinge

40 g Butter

500 g weißer oder grüner Spargel

1 1/2 l Wasser

1 Prise Zuckerrohrgranulat

200 g Sahne

1 Messerspitze Safranpulver

50 g Parmesan, frisch gerieben.

Streuwürze

1–2 Eßl. Petersilie oder Schnitt-lauch, frisch geschnitten

Für Gäste
Braucht etwas Zeit

Pro Portion etwa:
2200 kJ/520 kcal
19 g Eiweiß · 32 g Fett
44 g Kohlenhydrate
9 g Ballaststoffe

- Dauert insgesamt etwa 2 Stunden
- Ruhezeit: 1 Stunde

1. Das Dinkelmehl in eine Schüssel geben. Das Ei mit 1/2 Teelöffel Salz und der Hälfte des Wassers verrühren und untermischen. Eßlöffelweise so viel Wasser unter den Teig kneten, bis er geschmeidig ist. Dann zu einer Kugel formen und in Folie gewickelt mindestens 45 Minuten quellen lassen.

2. Den Teig in 4 Portionen teilen und auf der bemehlten Arbeitsfläche oder zwischen den Walzen der Nudelmaschine 1–2 mm dünn auswellen. Die Teigplatten auf frische Geschirrtücher legen und etwa 30 Minuten leicht antrocknen lassen.

3. Die Pilze unter fließendem Wasser abbrausen, putzen und in 1/2 cm dicke Scheiben schneiden. Die Hälfte der Butter in einer großen Pfanne erhitzen. Die Pilze darin bei mittlerer Hitze etwa 5 Minuten anbraten. Dann beiseite stellen.

4. Den Spargel waschen und gründlich schälen (grünen Spargel nur am unteren Ende). Die Stangen in etwa 3 cm lange Stücke schneiden. Die Spargelspitzen beiseite legen.

5. Das Wasser mit etwa 1/2 Teelöffel Salz, der restlichen Butter und dem Granulat zum Kochen bringen. Die Spargelstücke hineingeben und in etwa 15 Minuten nicht ganz weich kochen. Die Spargelspitzen dazugeben und 4–7 Minuten mitkochen lassen. Den Spargel herausheben und zu den Pilzen geben.

6. Die Teigplatten aufrollen und in etwa 1 cm breite Streifen schneiden. Oder den Teig mit einer Nudelmaschine zu Bandnudeln schneiden.

Variante:
Statt des Spargels können Sie auch ein gemischtes Gemüse aus Möhre, Paprikaschote und Zucchini zubereiten. Das Gemüse mit Zwiebel und Knoblauch in Butter dünsten.

Tip!

Nudelteig läßt sich sehr einfach und schnell mit einer Universalküchenmaschine mit rotierendem Messer herstellen, da diese den relativ trockenen Teig kraftvoll durchkneten kann.

7. Die Nudeln lockern, in das kochende Spargelwasser geben und in 2–3 Minuten garen. Die Nudeln in ein Sieb abgießen, dabei das Kochwasser auffangen.

8. Die Pfanne wieder auf die Kochstelle setzen und erhitzen. Die Sahne angießen. Den Safran einrühren. Die Nudeln dazugeben und vorsichtig untermischen. Den Parmesan und die Streuwürze dazugeben und das Gericht abschmecken. Die Kräuter untermischen.

Pizza
mit Gemüse

Zutaten für ein Backblech:

Für den Teig:

200 ccm lauwarmes Wasser

1 1/2 Teel. Salz

20 g frische Hefe

400 g Dinkel oder Weizen,
fein gemahlen

3–4 Eßl. kaltgepreßtes,
nicht raffiniertes Olivenöl (50 g)

Für den Belag:

1 mittelgroße Aubergine (200 g)

Salz

300 g Zucchini

1 Zwiebel

200 g Champignons

6–8 Eßl. kaltgepreßtes,
nicht raffiniertes Olivenöl

500 g Tomaten

6–8 schwarze Oliven

50 g Emmentaler oder Parmesan

100 g Crème fraîche

1 Ei

1–2 Teel. Thymian, Oregano und/
oder Basilikumblätter, frisch gehackt

Pfeffer, frisch gemahlen

Für das Blech:

1 Eßl. Öl

1–2 Eßl. Mehl, Schrot oder Kleie

Braucht etwas Zeit

Bei 16 Stück pro Stück etwa:
1100 kJ/260 kcal
6 g Eiweiß · 18 g Fett
18 g Kohlenhydrate
2 g Ballaststoffe

• Dauert insgesamt etwa
  1 1/2 Stunden

1. Für den Teig das Wasser, das Salz und die Hefe verrühren. Das Dinkel- oder das Weizenmehl einrühren. Das Öl hinzufügen und alles mit den Knethaken des Rührgerätes oder von Hand so lange verkneten, bis sich der Teig von der Schüssel löst. Sollte er zu fest sein, 1–2 Eßlöffel Wasser dazugeben. Sollte er zu klebrig sein, 1–2 Eßlöffel Mehl einarbeiten.

2. Den Teig zugedeckt etwa 20 Minuten gehen lassen, bis er etwas aufgegangen ist.

3. Inzwischen für den Belag die Aubergine waschen, den Stielansatz entfernen und die Frucht in etwa 1 cm dicke Scheiben schneiden. Die Scheiben leicht mit Salz bestreuen und etwa 20 Minuten stehenlassen.

4. Die Zucchini waschen, putzen und in 1/2 cm dicke Scheiben schneiden. Die Zwiebel in feine Ringe schneiden. Die Pilze abspülen, putzen und in 1/2 cm dicke Scheiben schneiden.

5. Einen Teil des Olivenöls erhitzen. Nacheinander die Zwiebel, die Pilze und die Zucchini bei mittlerer Hitze jeweils 3–4 Minuten darin anbraten. Beim Braten der Zucchini den Deckel auflegen. Das Gemüse in einer Schüssel leicht abkühlen lassen.

6. Von den Auberginen den ausgetretenen Saft abtupfen. Die Auberginen ebenfalls bei mittlerer Hitze in Olivenöl 4–5 Minuten anbraten. Dann zu dem anderen Gemüse geben.

7. Den aufgegangenen Teig zusammenkneten. Das Blech fetten und mit etwas Mehl, Schrot oder Kleie bestreuen. Den Teig in die Mitte des Bleches legen und mit den Händen oder dem Wellholz zu einer gleichmäßig dicken Platte ausdrücken. Den Teig 5–10 Minuten gehen lassen.

8. Inzwischen die Tomaten waschen und in Scheiben schneiden, dabei den Stielansatz entfernen. Die Tomaten auf den Teig legen. Die Gemüsemischung darauf verteilen. Die Oliven darauf setzen.

9. Den Käse reiben und mit der Crème fraîche und dem Ei verrühren. Wenn nötig, noch etwas Wasser oder Milch untermischen. Die Kräuter unterrühren. Mit Salz und Pfeffer würzen. Die Käse-Creme in Tupfen auf dem Belag verteilen.

10. Den Backofen auf 190° (Gas Stufe 2 1/2) einstellen. Die Pizza im Backofen (unten oder Mitte) in 20–25 Minuten backen, bis sich die Oberfläche leicht zu bräunen beginnt.

Knuspriger Teig mit aromatischem Gemüse und appetitlicher Kruste – in Italien könnte die Pizza nicht besser schmecken.

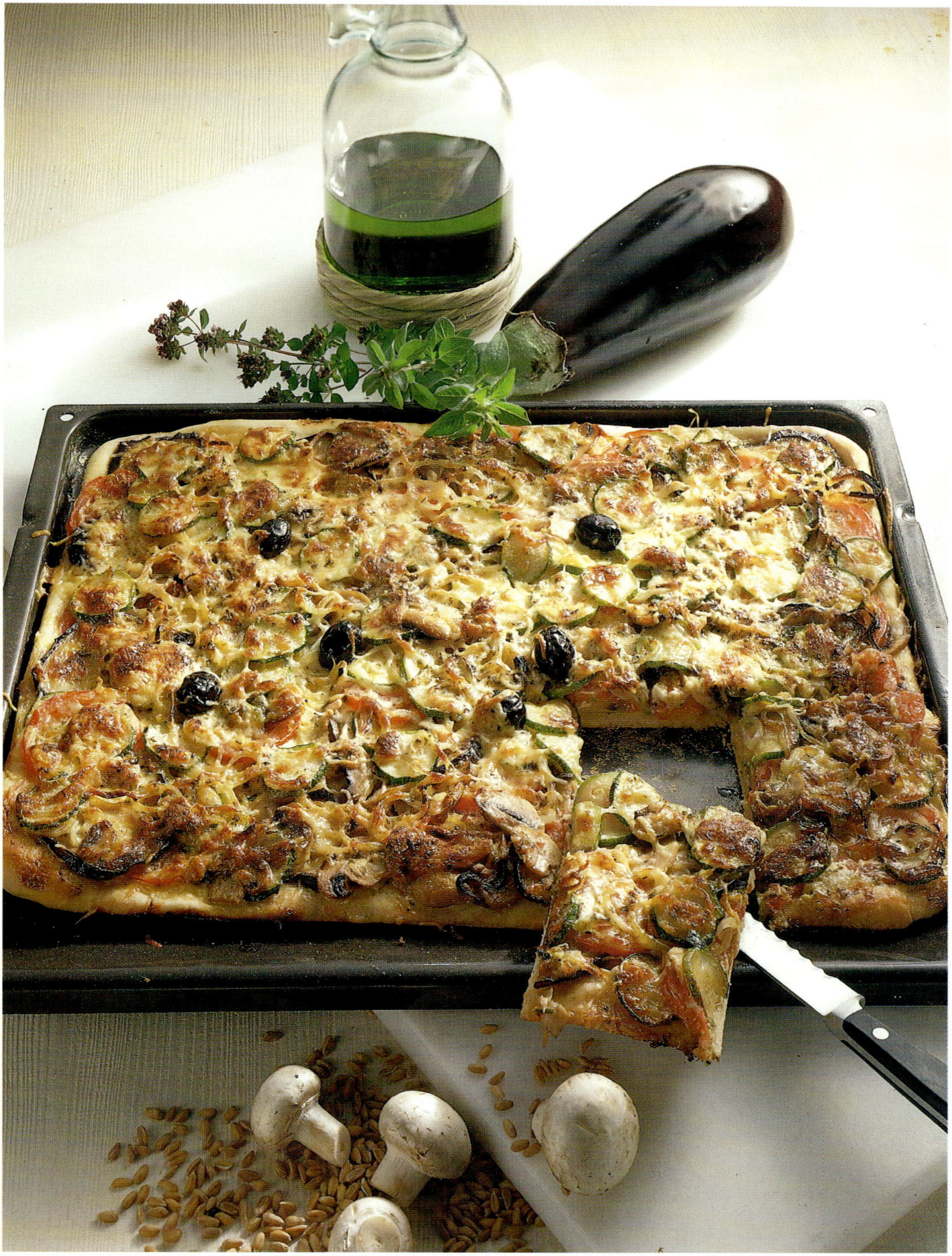

Ährenbrot mit Dinkel

Dieses Brot wird in einer geschlossenen Backform aus gesintertem Ton (in einem speziellen Verfahren bei 1120° gebrannt) gebacken. Das Brot sieht dekorativ aus, hat eine dünne Rinde und ist saftig, da während des Backens nur wenig Feuchtigkeit entweichen kann.

Zutaten für eine Ährenform oder
Kastenform von 25 cm Länge:
225 ccm lauwarmes Wasser
30 g frische Hefe
8 g Salz (etwa 11/2 Teel.)
425 g Dinkel oder Weizen,
fein gemahlen
15 g Sesamsamen
15 g Sonnenblumenkerne
Für die Form:
Öl
Zum Bestreuen:
1–2 Eßl. Sesamsamen oder Schrot

Braucht etwas Zeit

Bei 20 Scheiben pro Stück etwa:
400 kJ/95 kcal
4 g Eiweiß · 3 g Fett
14 g Kohlenhydrate
1 g Ballaststoffe

- Dauert insgesamt etwa
  2 Stunden
- Ruhezeit: etwa 30 Minuten

1. Das Wasser, die Hefe und das Salz in einer Rührschüssel verrühren.

2. Das Dinkel- oder das Weizenmehl unterrühren. Die Sesamsamen und die Sonnenblumenkerne dazugeben. Den Teig mit den Knethaken des Rührgerätes (3 Minuten) oder von Hand (7 Minuten) gründlich durchkneten, bis er zäh ist und sich von der Schüssel löst. Der Teig soll relativ fest, aber trotzdem geschmeidig sein. Wenn der Teig zu weich ist, könnte er aus der Form drücken.

3. Den Teig zugedeckt etwa 30 Minuten an einem warmen Platz gehen lassen, bis sich sein Volumen etwa um die Hälfte vergrößert hat und er sich weich anfühlt.

4. Beide Teile der Backform einschließlich der Ränder gründlich mit Öl ausstreichen und mit den Sesamsamen oder dem Schrot ausstreuen.

5. Den Backofen auf 230° (Gas Stufe 3–4) vorheizen.

6. Den aufgegangenen Teig kurz zusammenkneten. Dann zu einem ovalen Teigstück formen und in die vorbereitete Form legen.

7. Die Form mit den Klammern verschließen und in den Backofen (Mitte) geben. Das Brot 10 Minuten bei 230° (Gas Stufe 3–4) backen. Dann die Temperatur auf 180° (Gas Stufe 2 1/2) reduzieren und das Brot in 50 Minuten fertig backen.

8. Die Form aus dem Ofen nehmen, auf eine hitzebeständige Unterlage stellen und leicht abkühlen lassen.

9.. Das Brot herausnehmen. Dabei, wenn nötig, die Rinde an den Rändern mit einem scharfen Messer lösen.

10. Das Brot auf einem Kuchengitter auskühlen lassen.

Tip!

Da der Teig in einer geschlossenen Form gebacken wird, sollte er nicht zu weich sein, da er sonst während des Backens aus der Form drücken könnte. Sollte dies einmal passieren, nehmen Sie das Teigstück nach etwa 20 Minuten ab, es schmeckt wunderbar knusprig! Wenn Sie das Brot nicht in einer geschlossenen Form backen, sondern in einer Kastenform oder ohne Form als Stollen, müssen Sie es vor dem Einschieben in den Backofen etwa 20 Minuten gehen lassen, bis sich an der Oberfläche geplatzte Gärbläschen zeigen. Die Backzeit beträgt 40-45 Minuten.

Dieses saftige Brot sieht durch die spzielle Backform besonders dekorativ aus.

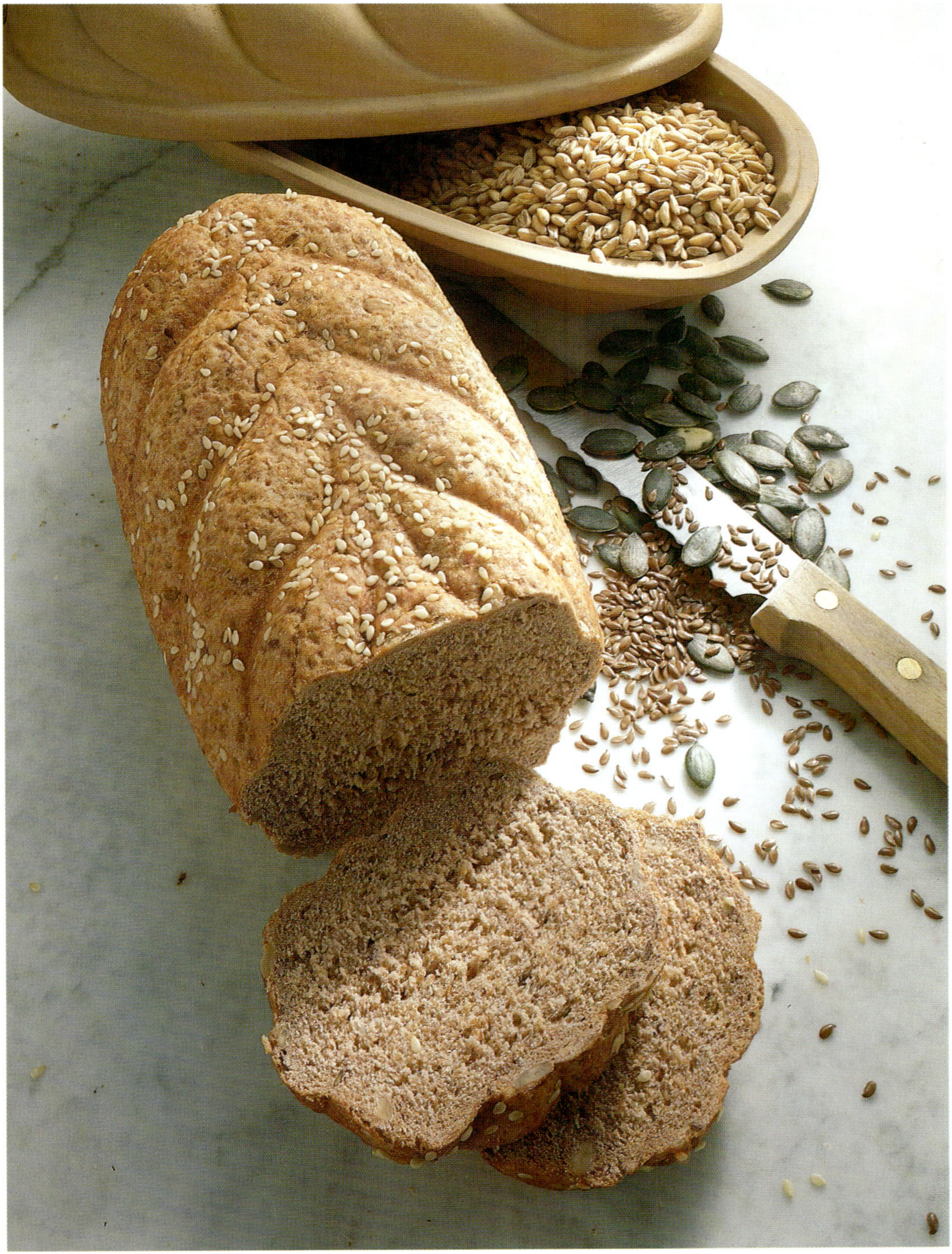

Beerenkuchen mit Nußguß

Zutaten für eine Springform
von 24–26 cm:

Für den Teig:

200 g Weizen oder Dinkel,
fein gemahlen

1 gestrichener Teel. Weinstein-
Backpulver

80 g weiche Butter

60 g Zuckerrohrgranulat

1/4 Teel. Zimtpulver

1 Prise Salz

4–5 Eßl. Apfelsaft oder Apfelwein

Für die Form:

Butter

Für den Belag:

400 g Johannisbeeren, Stachelbee-
ren, Heidelbeeren oder Brombeeren

100 g Crème fraîche

2 Eier

50–80 g Zuckerrohrgranulat oder
Honig, je nach Süße der Früchte

1/2 Teel. Zimtpulver

1 Prise gemahlene Nelken

1 reife Banane

50 g Hafer, mittelgrob geschrotet,
ersatzweise feine Haferflocken

80 g Haselnüsse oder Mandeln,
frisch gerieben

Für Gäste

Bei 12 Stück pro Stück etwa:
1000 kJ/240 kcal
6 g Eiweiß · 12 g Fett
30 g Kohlenhydrate
3 g Ballaststoffe

• Dauert insgesamt etwa
  1 1/4 Stunden

1. Für den Teig das Weizen-
oder das Dinkelmehl, das
Backpulver, die Butter, das
Granulat, den Zimt, das Salz
und den Saft oder Wein in
eine Rührschüssel geben und
mit den Rührbesen des Rührgerätes zu einem festen Teig
verrühren. Den Teig zu einer
Kugel formen.

2. Eine Springform fetten.
Die Teigkugel in die Mitte der
Form legen.

3. Die Beeren waschen und
abtropfen lassen. Die Johannisbeeren von den Stielen
streifen.

4. Für den Belag die Crème
fraîche, die Eier, das Granulat oder den Honig, das Zimt-
und Nelkenpulver sowie den
Haferschrot oder die Haferflocken verrühren. Die Banane
schälen, in kleine Stücke
schneiden oder mit einer Ga-
bel etwas zerdrücken.
Die Banane und die Nüsse
mit dem Rührgerät unter den
Belag rühren.

5. Den Backofen auf 190°
(Gas Stufe 2 1/2, Umluft 175°)
einstellen.

6. Den Teig mit den Händen
zu einem gleichmäßig dicken
Boden ausdrücken und einen
etwa 3 cm breiten Rand hoch-
ziehen.

7. Die Hälfte des Gusses auf
den Teigboden verteilen. Die
Beeren bis auf einen kleinen
Rest darauf geben. Den restlichen Guß darauf gleiten lassen und die restlichen Beeren
darüber streuen.

8. Den Kuchen in den Backofen (Mitte) geben und
40–45 Minuten backen, bis
die Oberfläche leicht ge-
bräunt ist.

9. Den Kuchen noch 5 Minuten im abgeschalteten Backofen stehen lassen. Dann herausnehmen. Den Springform-
rand ablösen und den Kuchen
mit einer Palette vom Boden
der Form heben, auf einem
Kuchengitter auskühlen lassen.

Tip!

Zuckerrohrgranulat ist der
getrocknete Saft der Zu-
kkerrohrpflanze, der scho-
nend gewonnen und nicht
raffiniert ist. Dieser Voll-
rohrzucker enthält noch
Vitamine und Mineralstof-
fe. Er schmeckt leicht
nach Karamel und verleiht
dem Kuchen eine ange-
nehme, wohlschmeckende
Süße. Es gibt inzwischen
verschiedene Produkte auf
dem Markt, zum großen
Teil auch aus kontrolliert-
ökologischem Anbau.
Bedenken Sie aber beim
Süßen, daß jedes Süßungs-
mittel nur wie ein Gewürz
verwendet werden sollte.

Der ideale Kuchen für den Sommer,
wenn die fruchtigen Beeren reif sind.

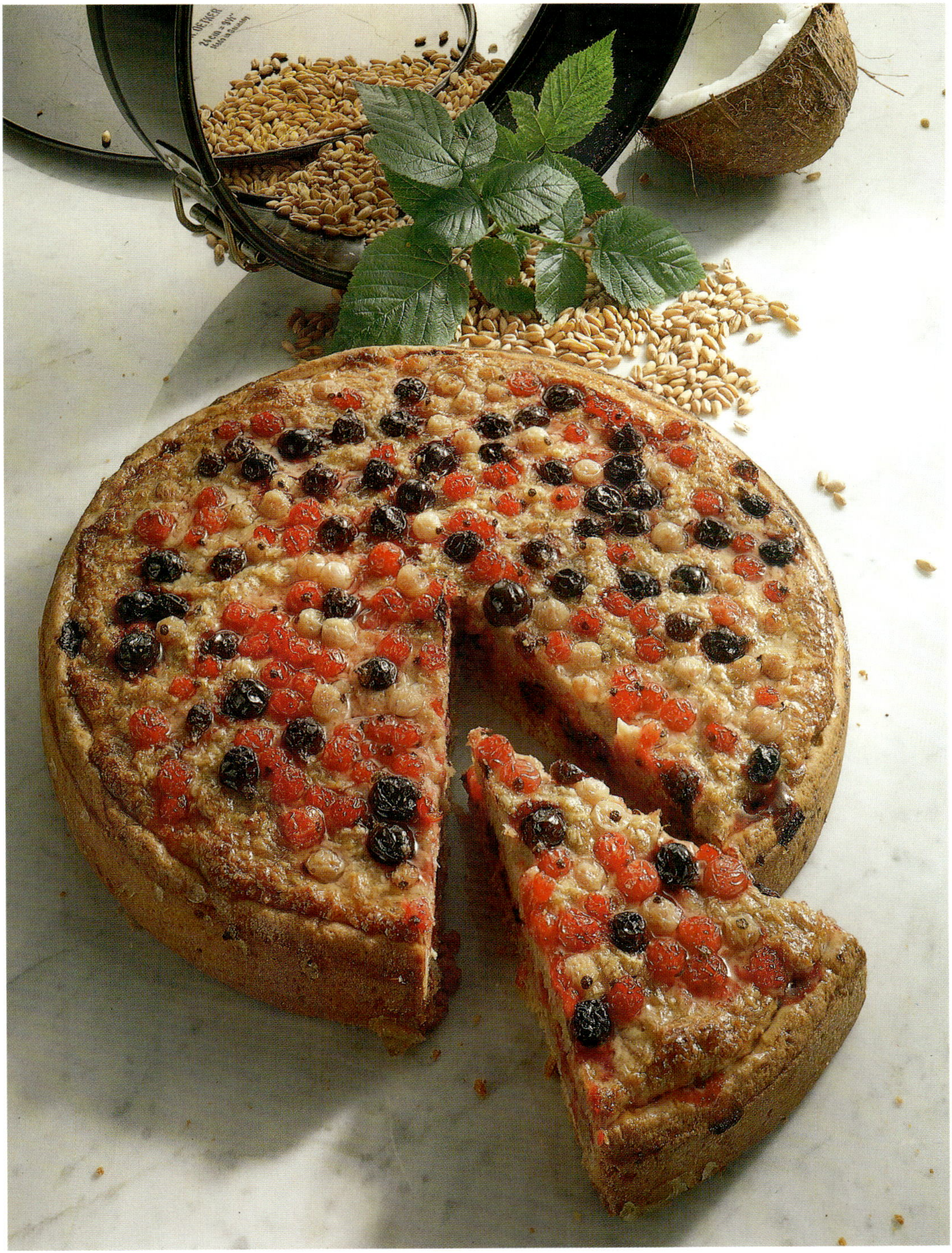

Hefezopf mit Apfelfüllung

Ich bevorzuge für Hefeteig Dinkel, da der Teig durch seinen hohen Klebergehalt besonders elastisch wird. Hefegebäck aus Dinkel ist besonders fein und knusprig.

Zutaten für einen Zopf
von etwa 35 cm Länge:
200 ccm lauwarme Milch
42 g frische Hefe (1 Würfel)
60 g Zuckerrohrgranulat
oder Honig
1 Eigelb
1 Prise Salz
500 g Dinkel, fein gemahlen
80 g weiche Butter
Für die Füllung:
100 g ungeschwefelte Rosinen
50 g beliebige Nüsse, Sonnen-
blumen-, Kürbis- oder Pinienkerne
400 g säuerliche Äpfel,
zum Beispiel Boskop
20 g Butter
1 unbehandelte Zitrone
1/2 Teel. Zimtpulver
1 Eiweiß
Für das Blech:
Butter
1–2 Eßl. Mehl oder Schrot
Zum Bestreichen:
1–2 Eßl. Sahne

Braucht etwas Zeit Preiswert

Bei 12 Stück pro Stück etwa:
1300 kJ/310 kcal
8 g Eiweiß · 12 g Fett
41 g Kohlenhydrate
3 g Ballaststoffe

- Dauert insgesamt etwa 11/2 Stunden

1. Die Milch, die Hefe, das Granulat oder den Honig, das Eigelb und das Salz in einer Schüssel verrühren.

2. Das Dinkelmehl unterrühren. Die Butter in Flöckchen auf den Teig setzen und alle Zutaten mit dem Rührgerät in 2–3 Minuten oder von Hand in 5–6 Minuten zu einem geschmeidigen Teig verkneten, bis er glänzt und sich von der Schüssel löst. Sollte er zu fest sein, noch 1–2 Eßlöffel Milch einarbeiten. Den Teig mit etwas Mehl bestäuben und zugedeckt 20–30 Minuten gehen lassen, bis sich das Volumen etwa verdoppelt hat.

3. Inzwischen für die Füllung die Rosinen mit etwa 1/4 l kochendem Wasser überbrühen.

4. Die Nüsse oder Kerne grob hacken.

5. Die Äpfel gründlich waschen und abtrocknen. An Blüte und Stiel festhalten und auf einer Raspel in mittelgrobe Stifte zerkleinern.

6. Die Butter in einer Pfanne schmelzen. Die Nüsse oder Kerne darin bei mittlerer Hitze unter Rühren leicht anrösten. Die Äpfel dazugeben und 1–2 Minuten mitdünsten. Dann zum Abkühlen beiseite stellen.

7. Die Zitrone heiß abwaschen und die Hälfte der Schale auf die Äpfel reiben. Den Zimt und das Eiweiß einrühren.

8. Ein Blech fetten und mit dem Mehl oder der Kleie bestäuben. Den Teig darauf zu einem knapp 1 cm dicken Rechteck auswellen und noch einmal 5–10 Minuten gehen lassen.

9. Auf dem Teig längs drei Teile markieren. Die Füllung auf der mittleren Fläche verteilen. Die Außenflächen mit einem scharfen Messer streifenförmig schräg einschneiden. Die Streifen von beiden Seiten abwechselnd über die Füllung klappen und dabei in der Mitte aufeinandertreffen lassen.

10. Den Zopf mit der Sahne bestreichen.

11. Den Zopf in den Backofen (Mitte) schieben und bei 190° (Gas Stufe 2 1/2) in 30–40 Minuten goldbraun backen.

12. Den Kuchen aus dem Backofen nehmen. Mit Hilfe einer Palette auf ein Kuchengitter heben und auskühlen lassen.

Die saftige Füllung machts möglich: Der Hefezopf schmeckt auch nach ein paar Tagen noch frisch.

Crêpes mit Himbeersahne

Zutaten für 4 Personen:
Für die Crêpes:
60 g Dinkel oder je 30 g Dinkel und
Buchweizen, sehr fein gemahlen
1 Ei
1/8 l Milch
1–2 Teel. Zuckerrohrgranulat
oder Honig
Salz
1 unbehandelte Zitrone
Für die Füllung:
250 g Himbeeren
150–200 g Sahne
einige Minzeblättchen
Zum Braten:
20–30 g Butter

Für Gäste

Pro Portion etwa:
1200 kJ/290 kcal
6 g Eiweiß · 22 g Fett
18 g Kohlenhydrate
4 g Ballaststoffe

- Dauert insgesamt etwa
  50 Minuten

1. Das Mehl mit dem Ei und der Milch verrühren. Das Granulat oder den Honig und 1 Prise Salz untermischen.

2. Die Zitrone heiß waschen und trocknen. Etwa ein Viertel der Schale abreiben und unter den Teig rühren. Den Teig zugedeckt mindestens 30 Minuten quellen lassen.

3. Inzwischen die Himbeeren in einem Sieb abbrausen und abtropfen lassen. Die Sahne schlagen.

4. Wenig Butter in einer Pfanne aufschäumen lassen. Mit einer Schöpfkelle etwas Teig in die schräggehaltene Pfanne einlaufen und durch Drehen verlaufen lassen. Nacheinander bei mittlerer Hitze 4 dünne Pfannkuchen braten.

5. Jeweils 1 Pfannkuchen auf Portionsteller legen. Etwas Sahne darauf setzen, die Himbeeren darauf verteilen, die Crêpes zusammenklappen. Die Minze abspülen und die Crêpes damit garnieren.

Weizen-Fruchttörtchen

Zutaten für 4 Personen:
100 g getrocknete ungeschwefelte
Aprikosen oder Feigen
300 ccm Milch
50 g ungeschwefelte Rosinen
150 g Couscous, Bulgur oder
Vollkorngrieß
1–2 Teel. Zuckerrohrgranulat
50 g beliebige Nüsse, gehackt
10 g Butter
1 Banane
250 g Erdbeeren oder Himbeeren

Für Gäste

Pro Portion etwa:
1800 kJ/430 kcal
11 g Eiweiß · 12 g Fett
18 g Kohlenhydrate
6 g Ballaststoffe

- Dauert insgesamt etwa
  40 Minuten

1. Die Aprikosen oder die Feigen kleinschneiden.

2. Die Milch zum Kochen bringen. Die Rosinen und die Trockenfrüchte einstreuen und 1 Minute kochen lassen. Den Couscous, den Bulgur oder den Vollkorngrieß und das Granulat einrühren. Den Grieß auf der ausgeschalteten Kochstelle zugedeckt in etwa 10 Minuten ausquellen lassen. Dabei ab und zu umrühren.

3. Die Nüsse in einer Pfanne mit der Butter bei mittlerer Hitze unter Rühren leicht rösten.

4. Den Grieß etwas abkühlen lassen. Die Nüsse unterrühren. Die Banane kleinschneiden und unter den Grieß rühren. Die Masse in kalt ausgespülte Tassen streichen, festdrücken und auskühlen lassen.

5. Die Erdbeeren waschen und abzupfen. Oder die Himbeeren abbrausen. Die Früchte mit dem Mixstab pürieren.

6. Die Förmchen kurz in heißes Wasser tauchen und die Törtchen auf Dessertteller stürzen. Das Fruchtpüree um die Törtchen gießen.

Im Bild oben: Crêpes mit Himbeersahne
Im Bild unten: Weizen-Fruchttörtchen

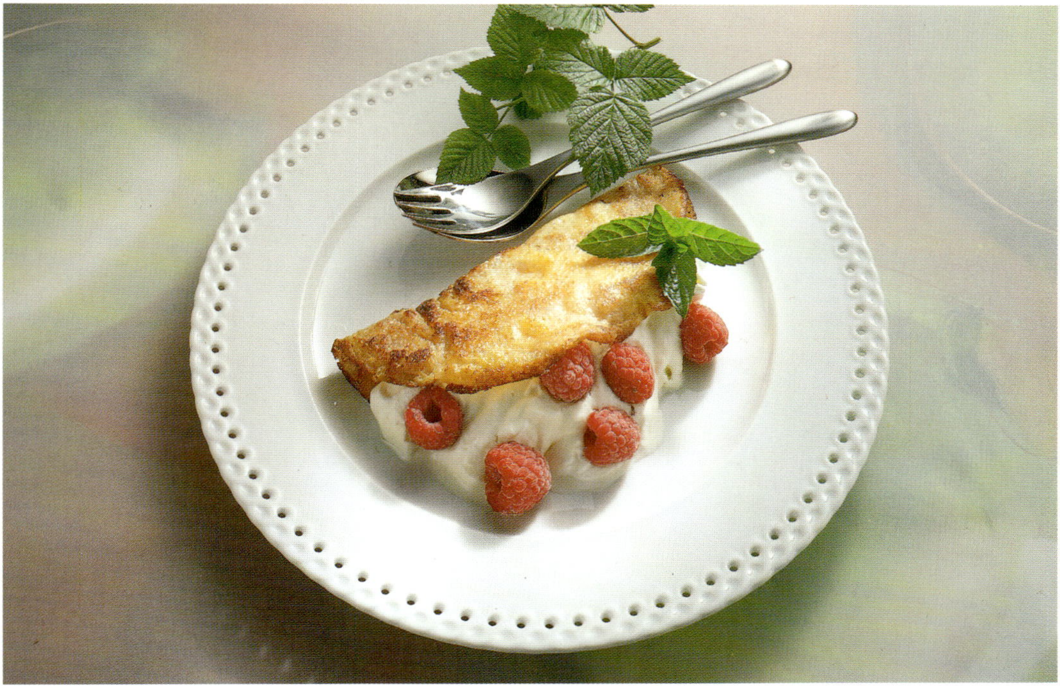

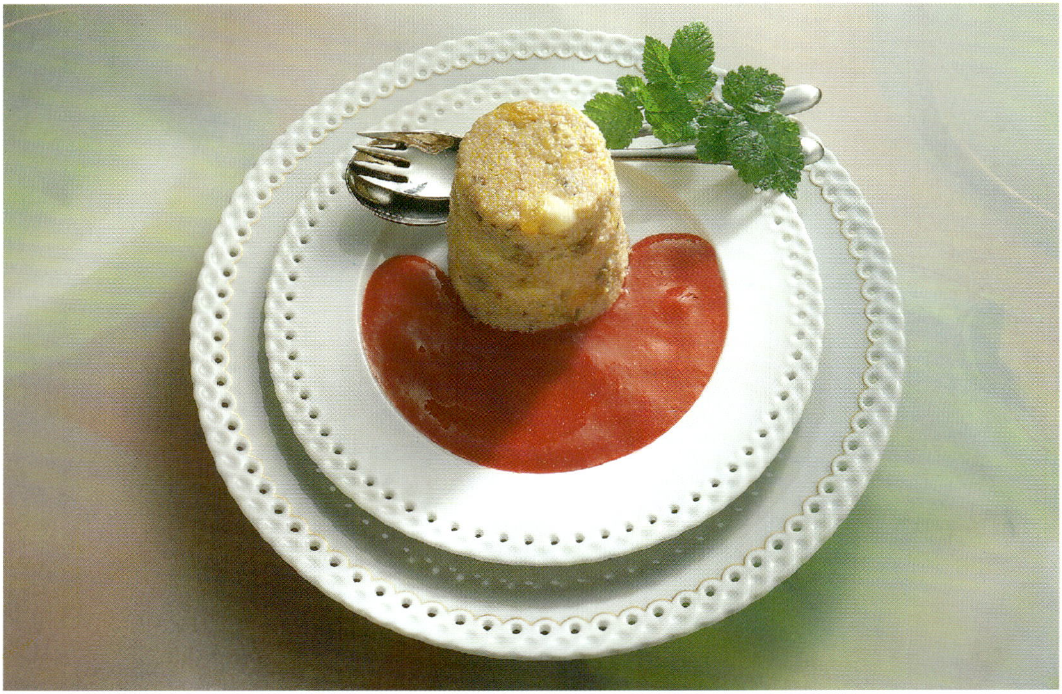

Zimtcreme mit Bananen

Zutaten für 4 Personen:

1/2 l Milch

60 g Naturreis, fein gemahlen

3–4 Eßl. Zuckerrohrgranulat

oder Honig

3–4 Teel. Zimtpulver

200 g Sahne

1–2 Bananen

Preiswert • Schnell

Pro Portion etwa:
1400 kJ/330 kcal
7 g Eiweiß · 20 g Fett
38 g Kohlenhydrate
1 g Ballaststoffe

● Dauert insgesamt etwa
  35 Minuten

1. Die Milch in einen mit Wasser ausgespülten Topf geben. Das Reismehl einrühren und die Milch zum Kochen bringen.

2. Die Milch unter Rühren etwa 5 Minuten bei mittlerer Hitze kochen lassen, dann von der Kochstelle nehmen und unter gelegentlichem Rühren abkühlen lassen.

3. Das Granulat oder den Honig und den Zimt einrühren und die Creme abschmecken. Die Sahne steif schlagen. Die Hälfte der Sahne unter die Creme ziehen.

4. Die Creme in Schälchen füllen. Die Bananen in Scheiben schneiden. Die Creme mit der restlichen Sahne und den Bananen garnieren.

Variante:

Sie können zusätzlich geriebene, geröstete Nüsse unter die Creme mischen.

Hafercreme mit Orangen

Zutaten für 4 Personen:

1/2 l Milch

80 g Hafer, fein gemahlen oder feine Hafervollkornflocken

1/2 Teel. Agar-Agar

1 Messerspitze Zimtpulver

1 Messerspitze Nelkenpulver

1 Messerspitze gemahlene Vanille

2 unbehandelte Orangen

50 g Magerquark

30–40 g Zuckerrohrgranulat

200 g Sahne

Für Ungeübte

Pro Portion etwa:
1600 kJ/380 kcal
10 g Eiweiß · 22 g Fett
34 g Kohlenhydrate
1 g Ballaststoffe

● Dauert insgesamt etwa
  1 Stunde
● Kühlzeit: etwa 1 Stunde

1. Die Milch in einem Topf mit dem Hafer oder den Flocken, dem Agar-Agar und den Gewürzen verrühren.

2. Die Orangen heiß abspülen, abtrocknen und die Schale der Orangen (ohne die weiße Haut) in den Topf reiben. Die Masse zum Kochen bringen und unter Rühren bei mittlerer Hitze etwa 2 Minuten kochen, bis sie dick wird.

3. Den Topf von der Kochstelle nehmen. Die Creme unter Rühren abkühlen lassen.

4. Den Quark, das Granulat oder den Honig unter die Creme rühren.

5. Die Sahne schlagen und mit einem Schneebesen vorsichtig unter die abgekühlte Creme heben. Die Creme in Dessertschälchen füllen und etwa 30 Minuten kühl stellen.

6. Inzwischen die Orangen mit einem scharfen Messer schälen, dabei die weiße Haut ganz entfernen. Mit dem Messer an den Innenseiten der einzelnen Spalten entlangschneiden und so das Fruchtfleisch aus der Haut lösen. Die Kerne entfernen.

7. Die Orangenfilets dekorativ auf die Creme legen.

Tip!

Diese Creme können Sie auch mit der gleichen Menge feingemahlenem Dinkel zubereiten. Außerdem schmeckt sie auch mit anderen saftigen Früchten oder, im Winter, mit eingeweichtem Trockenobst.

Im Bild vorne: Zimtcreme mit Bananen
Im Bild hinten: Hafercreme mit Orangen

Zum Gebrauch

Damit Sie Rezepte mit bestimmten Zutaten noch schneller finden können, stehen in diesem Register zusätzliche auch beliebte Zutaten wie Dinkel und Pilze – ebenfalls alphabetisch geordnet – über den entsprechenden Rezepten.

A

Ährenbrot mit Dinkel 52
Amaranth 5
Amaranth-Tomaten-Suppe 18
Apfel: Hefezopf mit Apfel-
    füllung 56
Auberginen: Pizza mit
    Gemüse 50

B

Bananen: Zimtcreme mit
    Bananen 60
Beerenkuchen mit Nußguß 54
Blattsalat mit Dinkel und
    Käse 12
Bohnen: Buchweizentopf mit
    Sommergemüse 22
Bratlinge: Dinkel-Haselnuß-
    Bratlinge 28
Brot: Ährenbrot mit Dinkel 52
Buchweizen 5
Buchweizengnocchi mit
    Kräutersauce 40
Buchweizentopf mit Sommer-
    gemüse 22

C

Couscous: Gemüse mit
    Couscous 22
Couscous: Südländischer
    Weizensalat »Taboule« 15
Cremiges Dinkelmüsli 10
Crepês mit Himbeer-
    sahne 58
Crepês mit Kräuter-Sprossen-
    sauce 24
Curry: Linsencurry mit
    Getreide 20

D

Dinkel
    Ährenbrot mit Dinkel 52
    Blattsalat mit Dinkel und
        Käse 12
    Cremiges Dinkelmüsli 10
    Dinkel-Haselnuß-
        Bratlinge 28
    Dinkelcremesuppe mit
        Zuckerschoten 18
    Dinkelflan mit Safran-
        sauce 44
    Dinkel mit Spinatsahne 32
    Warenkunde 4

E

Egerlinge: Spargelnudeln mit
    Egerlingen 48
Erbsen: Gemüse mit
    Couscous 22

F

Fenchel: Risotto mit
    Fenchel 26
Flan: Dinkelflan mit
    Safransauce 44
Früchte: Weizen-Frucht-
    Törtchen 58

G

Galgant (Tip) 10
Gemüse
    Gemüsebrühe mit
        Grießklößchen 16
    Gemüsebrühe (Tip) 16
    Buchweizentopf mit
        Sommergemüse 22
    Gemüse mit Couscous 22
    Pizza mit Gemüse 50
Getreide: Linsencurry mit
    Getreide 20

Gnocchi: Buchweizengnocchi
    mit Kräutersauce 40
Gomasio (Tip) 34
Gratin: Grünkern-Tomaten-
    Gratin mit Pilzen 42
Grieß: Gemüsebrühe mit
    Grießklößchen 16
Grünkern
    Grünkern-Tomaten-Gratin
        mit Pilzen 42
    Grünkernküchlein mit
        Möhrensauce 36
    Grünkernsalat mit Käse und
        Trauben 14
    Warenkunde 4

H

Hafer 4
Hafercreme mit Orangen 60
Haselnüsse: Dinkel-Haselnuß-
    Bratlinge 28
Hefezopf mit Apfelfüllung 56
Himbeeren: Crêpes mit
    Himbeersahne 58
Himbeeren: Knuspermüsli mit
    Himbeeren 10
Hirse 5
Hirsesuppe mit Sprossen 16

K

Käse: Blattsalat mit Dinkel und
    Käse 12
Käse: Grünkernsalat mit Käse
    und Trauben 14
Klößchen: Gemüsebrühe mit
    Grießklößchen 16
Knuspermüsli mit Himbeeren 10
Kohlrabi: Gemüse mit
    Couscous 22
Kräuter: Buchweizengnocchi
    mit Kräutersauce 40
Kräuter: Crêpes mit Kräuter-
    Sprossensauce 24
Kuchen: Beerenkuchen mit
    Nußguß 54
Küchlein: Grünkernküchlein
    mit Möhrensauce 36

L

Linsencurry mit Getreide 20

M

Mais 5
Maisschnitten mit Tomaten-
sauce 46
Maultaschen mit Spinat-Tofu-
Füllung 38
Miso (Tip) 28
Möhren: Gemüse mit
Couscous 22
Möhren: Grünkernküchlein mit
Möhrensauce 36
Müsli: Cremiges Dinkel-
müsli 10
Müsli: Knuspermüsli mit Him-
beeren 10

N

Naturreis 5
Nudeln mit Zitrone 32
Nudeln: Spargelnudeln mit
Egerlingen 48
Nüsse: Beerenkuchen mit
Nußguß 54

O

Orangen: Hafercreme mit
Orangen 60

P

Paprikaschoten: Buchweizen-
topf mit Sommergemüse 22
Pfannkuchen: Zucchini-
Thymian-Pfannkuchen 34
Pilze
Grünkern-Tomaten-Gratin
mit Pilzen 42
Maultaschen mit Spinat-
Tofu-Füllung 38
Pizza mit Gemüse 50
Spargelnudeln mit
Egerlingen 48
Wirsingspätzle mit Pilzen 30
Pizza mit Gemüse 50

R

Reis, Naturreis 5
Reis: Risotto mit Fenchel 26
Risotto mit Fenchel 26

S

Safran (Tip) 26
Safran: Dinkelflan mit Safran-
sauce 44
Salat
Blattsalat mit Dinkel und
Käse 12
Grünkernsalat mit Käse und
Trauben 14
Südländischer Weizensalat
»Taboule« 15
Sojasauce (Tip) 28
Spargelnudeln mit Eger-
lingen 48
Spätzle: Wirsingspätzle mit
Pilzen 30
Spinat
Dinkel mit Spinatsahne 32
Maisschnitten mit Tomaten
sauce 46
Maultaschen mit Spinat-Tofu
Füllung 38
Sprossen (Tip) 20
Sprossen: Crepês mit
Kräuter-Sprossensauce 24
Sprossen: Hirsesuppe mit
Sprossen 16
Südländischer Weizensalat
»Taboule« 15
Suppe
Amaranth-Tomaten-
Suppe 18
Dinkelcremesuppe mit
Zuckerschoten 18
Gemüsebrühe mit Grieß-
klößchen 16
Hirsesuppe mit Sprossen 16

T

Thymian (Tip) 34
Thymian: Zucchini-Thymian-
Pfannkuchen 34
Tofu (Tip) 39
Tofu: Maultaschen mit Spinat-
Tofu-Füllung 38
Tomaten
Amaranth-Tomaten-Suppe 18
Buchweizentopf mit
Sommergemüse 22
Grünkern-Tomaten-Gratin
mit Pilzen 42
Maisschnitten mit
Tomatensauce 46
Pizza mit Gemüse 50
Törtchen: Weizen-Frucht-
törtchen 58
Trauben: Grünkernsalat mit
Käse und Trauben 14

W

Weizen 4
Weizen: Südländischer
Weizensalat »Taboule« 15
Weizen-Fruchttörtchen 58
Wirsingspätzle mit Pilzen 30

Z

Zimtcreme mit Bananen 60
Zitrone: Nudeln mit
Zitrone 32
Zopf: Hefezopf mit
Apfelfüllung 56
Zucchini
Buchweizentopf mit
Sommergemüse 22
Grünkernküchlein mit
Möhrensauce 36
Grünkern-Tomaten-Gratin
mit Pilzen 42
Pizza mit Gemüse 50
Zucchini-Thymian-
Pfannkuchen 34
Zuckerrohrgranulat (Tip) 54
Zuckerschoten: Dinkelcreme-
suppe mit Zuckerschoten 18

IMPRESSUM

Umschlag-Vorderseite:
Grünkern-Tomaten-Gratin mit Pilzen schmeckt im Sommer – mit sonnengereiften Tomaten und aromatischen Kräutern – am besten. Das Rezept finden Sie auf Seite 42.

CIP-Titelaufnahme der Deutschen Bibliothek
Handschmann, Johanna:
Vollkorn mit Genuß: tolle Rezepte für Dinkel, Grünkern, Hafer, Hirse, Weizen . . ./ Johanna Handschmann. –
1. Aufl.– München: Gräfe u. Unzer, 1990 (GU Küchen-Ratgeber)
ISBN 3-7742-2499-4

1. Auflage 1990
© Gräfe und Unzer GmbH, München.
Alle Rechte vorbehalten. Nachdruck, auch auszugsweise, sowie Verbreitung durch Film, Funk und Fernsehen, durch fotomechanische Wiedergabe, Tonträger und Datenverarbeitungssysteme jeglicher Art nur mit schriftlicher Genehmigung des Verlages.

Redaktion: Cornelia Schinharl
Layout: Ludwig Kaiser
Typografie: Robert Gigler
Herstellung: Christine Germer
Fotos: Odette Teubner, Kerstin Mosny
Umschlaggestaltung: Heinz Kraxenberger
Druck: Appl, Wemding
Bindung: R. Oldenbourg
ISBN 3-7742-2499-4

Wichtiger Hinweis

Kaufen Sie möglichst nur gereinigtes Getreide. Denn Schmutz und Unkrautsamen (vor allem Samen der giftigen Kornrade) dürfen nicht enthalten sein. Das gleiche gilt für das heute wieder häufiger auftretende Mutterkorn, das vor allem den Roggen befällt. Es ist ein deutlich erkennbares, schwärzliches und meist stark vergrößertes Korn. In größeren Mengen verzehrt ruft Mutterkorn lebensgefährliche Vergiftungserscheinungen hervor. Nach einer EG-Richtlinie ist im Getreide allerdings ein Gehalt an Mutterkorn von maximal 0,05% erlaubt. Das entspricht etwa 3 Körnern in 200g Getreide. Die Gefahr einer Vergiftung ist relativ gering, wenn Sie wie empfohlen, gereinigtes Getreide kaufen.
Essen Sie Schoten oder Samen von Hülsenfrüchten nie roh. Erst durch ausreichendes Garen wird das darin enthaltene natürliche Gift, das Phasin, unschädlich gemacht. Beim Keimen wird dieses Gift nur teilweise abgebaut; deshalb sollten Sie auch Sojabohnenkeimlinge nicht zu oft und grundsätzlich kurz erhitzt oder blanchiert essen.

Johanna Handschmann

stammt aus Rippenberg im Odenwald. Nach dem Abitur studierte sie neben anderen Fächern Hauswirtschaft in Karlsruhe. In Lehrerfortbildungskursen und in Kochkursen an Volkshochschulen überzeugte sie viele Menschen von den Vorzügen der Vollwertkost und der Schmackhaftigkeit ihrer Gerichte. Johanna Handschmann lebt heute am Bodensee und widmet sich dort der Kreation und Erprobung von Vollwertrezepten.